한국전쟁 75주년을 기념하며

THE STORY OF UN KOREAN WAR VETERANS

한국전쟁 유엔 참전용사 이야기

편저자 **신하영** / 번역 **전혜정** / 감수 **심호섭**

HISTORY LIVES IN
EVERY PAGE...

**16
COUNTRIES!**

한국전쟁
유엔 참전용사 이야기

HISTORY LIVES IN
EVERY PAGE...

16
COUNTRIES!

Their valor remembered, Their legacy sustained!
그들의 용기를 기억하고, 그 유산을 지켜나갑시다!

2025년 올해는 6.25 한국전쟁 발발 75주년을 맞이하는 해입니다. 지금으로부터 75년 전, 한반도의 자유와 평화를 수호하기 위해 기꺼이 참전했던 유엔 용사들의 고귀한 희생과 헌신을 기억하고 계승하는 「한국전쟁 유엔 참전용사 이야기」 책자 발간을 진심으로 축하합니다.

UN 참전용사들의 숭고한 희생과 헌신은 오늘날 대한민국이 누리는 번영과 민주주의의 초석이 되었습니다. 먼 나라의 아픔을 자신의 것으로 안고, 낯선 땅에서 피 흘린 그들의 용기와 희생은 결코 잊혀져서는 안 될 인류 공동의 유산입니다. 이들의 헌신은 단순히 한반도의 운명을 넘어, 국제 사회가 함께 지켜낸 자유와 평화의 상징으로 영원히 빛날 것입니다.

한국전쟁은 종종 '잊혀진 전쟁(The Forgotten War)'으로 불리기도 하지만, 우리는 이 전쟁이 남긴 상처와 교훈을 결코 잊어서는 안됩니다. 아시아, 유럽, 아메리카, 아프리카 등 다양한 대륙에서 모여 유엔의 깃발 아래 함께 싸웠던 그 숭고한 정신은, 시대를 초월하여 우리에게 깊은 울림을 줍니다.

이 책은 단순한 사실 기록을 넘어, 할아버지 세대의 용기와 희생이 후손들의 목소리를 통해 생생하게 되살아나는 살아있는 증언입니다. 22명의 UN 참전용사 후손들

이 직접 참여해서 탄생한 이 이야기는 참전 용사 개개인의 인간적인 면모와 그들의 가족에게 미친 영향을 깊이 있게 조명하며, 과거와 현재를 잇는 소중한 다리가 될 것입니다.

「한국전쟁 유엔 참전용사 이야기」는 미래 세대에게 평화의 소중함과 국제적 연대의 중요성을 일깨우는 강력한 유산이 될 것이라 확신합니다. 이 책이 널리 읽혀, 참전 용사들의 헌신이 영원히 기억되고 한반도와 세계의 평화를 위한 영감으로 이어지기를 간절히 바랍니다. 그리고 이 책을 읽는 모든 이들이 그들의 숭고한 정신을 이어받아 평화를 위한 작은 실천을 시작하는 계기가 되기를 소망합니다.

Their valor remembered, Their legacy sustained!
그들의 용기를 기억하고, 그 유산을 지켜나갑시다!

끝으로, 우리는 그들의 용기를 기억하고 그 유산을 지켜나가는데 매진할 것을 약속 드리며, 이 뜻깊은 프로젝트를 위해 헌신하신 모든 분께 깊은 감사를 드립니다.

김진영(예. 육군대장)
KAFSP(한미자유안보정책센터) 회장

The Echo of Noble Valor and Devotion
고귀한 용기와 헌신에 대한 울림

우리는 기억해야 합니다!

지금 내가 누리는 자유와 평화는 그저 우연히 주어진 것이 아니라, 75년 전 1950년 6월 25일 새벽 북한의 기습남침으로 대한민국의 운명이 풍전등화에 놓였을 때, 오직 자유를 향한 숭고한 가치 아래 함께 싸운 UN 참전 용사들의 고귀한 용기와 헌신 덕분임을 기억해야 합니다.

이 책을 집필하게 된 동기는 우리 미래 세대에게 잊혀져 가는 UN 참전 용사들의 고귀한 용기와 헌신을 생생하게 확인시켜줌으로써, UN 참전국 후손들과 함께 세계의 평화와 안전을 지키는 당위성을 공감하는데 있습니다.

KAFSP(한미자유안보정책센터)는 2023년 11월3일 한국 대학에 유학온 UN 참전국 후손들을 육군사관학교에 초청하여 참전국에 대한 보훈과 유대의 중요성을 공감하고 확산하는 행사를 실시하였습니다.

당일 70여명의 UN 참전국 후손 대학생과 30여 명의 한국 대학생들이 함께 육사를 방문하여, 육사 생도들의 화랑의식을 참관하고, SDC International School 학생들의 공연 참관 및 대화의 시간을 가졌습니다.

이 행사에 참가한 참전용사 후손들은 모두가 한결같이 "정말 뜻깊은 시간을 가졌습니다. 매년 정례적으로 추진해 주세요" 라고 요청하여, 매년 시행하기로 육군사관학교와 합의하였습니다.

2023년 11월 3일 참가자 단체 사진

육사생도 화랑의식

　　2024년 2월27일에는 KAFSP(한미자유안보정책센터) 사무실에서 UN 참전용사 후손 30여 명이 참가하는 Y-KAFSP를 창립하고, 대화의 방을 마련하였습니다.
　　Y-KAFSP 대표는 한국 외국어대학교 일라이다 아심길(Ilayda Asimgil) 학생이 맡기로 하고, 의견소통을 위한 단체 카톡방 구성과 주기적인 회동을 갖기로 했습니다.

　　2024년 5월 26일에는 한국을 이해하는 활동으로 동해안 강릉지역 여행을 실시하였습니다. 40명의 UN 참전용사 후손이 참가하여 대표적인 관광지인 오죽헌을 방문하고, 한국 동해바다의 아름다운 경치를 만끽하는 기회가 되었습니다. 이때, 자유로운 대화중에 "UN 참전용사 우리 할아버지 이야기" 책자 발간 이야기가 제기 되었습니다.

2024년 2월 27일 Y-KAFSP

2024년 5월 26일 강릉 투어

2024년 10월24일 제2회 UN 참전국 유학생 육군사관학교 초청행사를 실시했습니다. 이날 행사에는 80여명의 UN 참전국 후손 대학생과 30여명의 한국 대학생들이 함께 육사를 방문하여, 육사 생도들의 화랑의식을 참관하고, SDC International School 학생들의 공연 참관, "UN 참전용사 우리 할아버지 이야기" 발표회 및 디너파티의 시간을 가졌습니다.

당일 숙명여대 스테파니(Stephanie) 학생이 "한국전쟁 UN 참전용사 우리 할아버지 이야기"를 발표하는데, "제 할아버지 Santiago Gaona께서는 1951년 6월 콜롬비아 참전군인 중에 가장 어린나이인 16살때 30일간 배를 타고 한국전쟁에 참전하셔서 많은 작전에 참여하셨는데…1952년 8월 야간 순찰시 차량이 적 수류탄으로 기습받아 부상을 당해 1952년 12월에 귀국하게 되었습니다" 라는 발표에 이런 귀중한 교훈은 책자로 발간해서 젊은 새대들에게 확산해야 되겠다는 필요성에 참석자들이 모두 공감하였습니다.

2024년 10월 24일 참가자 단체 사진

육군사관학교 생도들과의 단체 사진

마침내, 2025년 2월 1일 KAFSP(한미자유안보정책센터) 사무실에서 Y-KAFSP 모임을 통해, 한국전쟁 발발 기념일인 6월 25일을 목표로

"UN 참전용사 우리 할아버지 이야기"책자 발간을 추진하기로 하였습니다.

그러나, UN 참전국가 16개국 후손을 국내 유학생으로 찾기에는 어려움이 있었습니다. 따라서, 각 국가별 재향군인회를 통해 원고 제출자를 추가로 협조하여 총 22명의 원고 제출자 가운데 10명은 국내 유학생, 12명은 해외 거주자입니다.

이 책에 원고를 기고해주신 스물두 분의 UN 참전용사 후손들께 깊이 감사드리며, 그들의 글에서 살아 숨쉬는 참전용사들의 고귀한 용기와 헌신이 전하는 울림(The Echo of Noble Valor and Devotion)이 더 많은 이들의 마음에 닿기를 기대합니다.

이 책이 발간 될 때까지 군사적 측면에서 꼼꼼히 감수해준 육군사관학교 군사사학과 심호섭 교수님과 한글 번역에 혼신의 노력을 경주해준 영국 Edinburgh 대학 전혜정, 전혜림 학생에게 감사드립니다.

신하영 Ph.D.

편저자

2025.6.21

Index

Part 3　Echoes of Gratitude from Korea
한국에서 울려 퍼지는 감사의 메아리

Part 1
Overview of the Korean War
한국 전쟁 개요

한국전쟁의 발발 배경과 원인

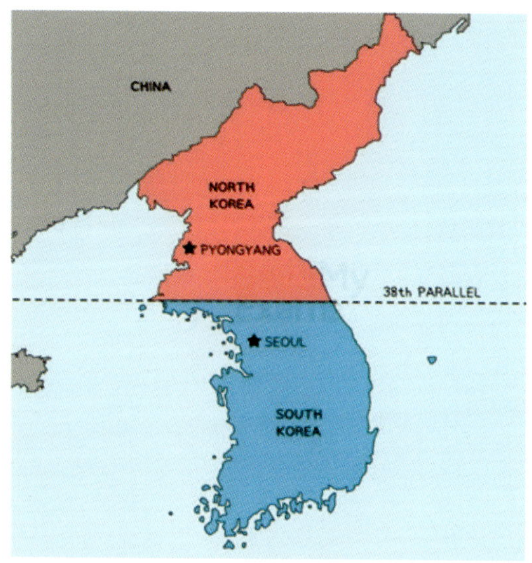

1945년 한반도 분단 상황을 보여주는 지도

　　1945년 8월 15일 일본제국의 패망과 함께 한반도는 일본제국으로부터 독립을 맞이했다. 독립을 위해 국내외에서 투쟁한 우리 민족은 모두가 5000년 역사를 계승할 새로운 민주공화국의 꿈을 꾸게 되었다. 그러나 1945년 12월 제2차 세계대전의 승전국인 미국·영국·소련은 모스크바 외상회의에서 한반도에 5년간 신탁통치를 실시하고 임시정부를 수립하기로 결정하였다. 갑작스러운 독립정부가 수립될 경우 발생할 수 있는 혼란을 방지하기 위함이었다.

　　하지만 신탁통치는 자립능력이 있는 우리가 원하는 바가 아니었다. 더 큰 문제는 한반도에 미국과 소련이 북위 38도 선을 경계로 한반도를 분할 점령하여 군정을 실시하기로 묵시적 합의를 했다는 사실이다. 그리하여 38도 선을 경계로 남쪽에는 미군, 북쪽에는 소련군이 주둔하게 되었다.

그 후 미 · 소 양국은 군정을 진행하면서 미소공동위원회(1946~1947)를 개최하여 한반도 통일정부 수립을 모색했다. 하지만 소련은 한반도 전체의 통일정부 수립을 원하고 있던 미국과 달리, 한반도 북부 지역에 공산주의 정권을 세우고 분단을 고착화하려는 전략적 의도를 가지고 있었다.

결국 임시정부 구성을 두고 미 · 소 양국이 의견을 좁히지 못하면서 미소공동위원회는 실패로 돌아가고 말았다. 이에 미국은 이 문제를 유엔에 상정했다. 1947년 11월 유엔 총회는 남북한 전역에서 유엔 감시하에 총선거를 실시해 통일정부를 세우기로 결의했다. 1948년 1월 유엔한국임시위원단(UNTCOK)이 총선을 지원하기 위해 서울에 도착했다. 그러나 한반도 북쪽이라도 그들의 영향권에 두고자 했던 소련은 남북한 동시 총선거를 거부했다. 결국 1948년 2월 유엔은 유엔의 감시 아래 선거가 가능한 지역, 즉 남한에서만 총선을 실시하기로 결정하였다. 이에 따라 1948년 5월 10일 남한에서만 총선이 실시되었고, 1948년 7월 17일에 제헌 헌법 제정 · 공포, 1948년 8월 15일 마침내 오늘날 대한민국 정부가 탄생하게 되었다.

1948년 12월 12일 유엔총회는 찬성 48표, 반대 6표, 기권 1표라는 압도적인 차이로 대한민국을 '한반도에서 유일한 합법정부'로 공식 승인하였다. 전국 총선을 거부한 북한은 그해 9월 9일 '조선민주주의인민공화국'을 수립했다. 이로써 한반도의 남쪽에는 자유진영인 대한민국, 북쪽에는 공산진영인 '조선민주주의인민공화국'이 대립하는 분단의 역사가 시작되었다.

이처럼 1948년 한반도에 2개의 단독정부가 수립되자 군정과 정부수립을 지원했던 소련군과 미군은 군사고문단만 남기고 한반도를 떠났다. 양국군이 한반도를 떠난 후 대한민국은 정치, 경제, 사회발전에 전념했다. 하지만 북한의 김일성은 달랐다. 그는 무력통일을 통해 한반도 전체의 유일한 지도자가 되고자 꿈꾸고 있었다. 무력 통일을 위해 후원 국가인 소련과 중국의 지원을 받아 소련제 탱크 등 막강한 무기와 장비를 보강했다. 1950년 남한을 압도하는 군사력을 갖추고 전쟁 준비를 끝낸 북한은 호시탐탐 남침의 기회를 엿보고 있었다.

그러던 중 1950년 1월 12일, 미국 국무장관 딘 애치슨 (Dean Acheson)(1893 – 1971)이 발표한 '애치슨 라인(Acheson Line)'은 동아시아 역사의 흐름을 바꾸는 계기가 되었다. 애치슨 라인은 미국이 한반도의 전략적 가치와 한반도 전쟁 가능성을 낮게 판단하여 미국의 극동방어선에서 일본 열도와 필리핀을 포함했지만, 한반도는 제외시켰다. 이는 군사적 관점에서 한반도에서 위기가 발생하더라도 미국 군대가 적극적으로 개입하지 않을 것임을 의미했다.

북한의 김일성은 이를 대한민국에 대한 미국의 방어 의지가 약화된 것으로 오판하여 남침할 절호의 기회로 생각했다. 그는 전쟁 승리를 확신하며 소련의 스탈린과 중국의 마오쩌둥에게 달려가 남침계획을 설명하고 승낙을 받았다. 스탈린과 마우쩌둥

1950년 1월 12일 애치슨 라인(Acheson Line)

 한국전쟁 유엔 참전용사 이야기

은 미국이 개입할 가능성을 낮게 보고 공산권 내 주도권 확보와 동북아 공산권 확장 등을 노리며 남침을 승인하고 군사지원을 약속했다. 마침내 북한은 1950년 6월 25일 일요일 새벽을 기해 적화통일의 야심을 품고 남침을 감행하였다.

한국전쟁의 전개 단계 (1950~1953)

한국전쟁 유엔 참전용사 이야기

❶ 북한군 기습 공격과 낙동강선으로의 후퇴

(1950.6.25 ~ 9.14)

- 국군은 3일 만에 서울 피탈 (6.28)
- 한국을 돕기 위해 유엔군 참전 (7.1)
- 개전 한 달여 만에 낙동강선까지 후퇴 (6.25 ~ 7.31)
- 낙동강 방어선을 필사적으로 사수 (8.1 ~ 9.14)

❷ 인천상륙작전과 압록강으로의 진격

(1950.9.15 ~ 10.24)

- 인천상륙작전 성공(9.15)
- 낙동강 전선에서의 반격으로 국군과 유엔군이 서울 탈환(9.28) 및 38선 회복(9.30)
- 10월 1일 38선을 돌파한 아군은 압록강 인근의 초산까지 진격(10.1 ~ 10.26)

❸ 중공군의 개입·새로운 전쟁

(1950.10.25 ~ 1951.7.9)

- 국군이 압록강(초산)까지 진격할 무렵(10.26) 이미 25만여 명의 중공군이 압록강을 건너와 국군과 유엔군의 등 뒤에서 기습 공격 준비. 10월 25일 시작된 중공군의 대규모 공세는 이듬해 5월까지 5차에 걸쳐 실시.
- 국군과 유엔군은 평양에서 철수(12.4)를 개시한 지 한 달 만에 다시 서울을 적에게 피탈(1.4 후퇴)
- 급기야 평택과 삼척을 연하는 37선까지 후퇴했다가, 서울 재탈환 (3.15) 이후부터 38선 중심으로 일진일퇴의 공방전 계속

❹ 휴전 협상과 휴전선 일대의 고지 쟁탈전

(1951.7.10 ~ 1953.7.27)

- 유엔군과 공산군은 1951년 7월 10일 휴전 협상을 시작하였다. 그러나 2년간의 협상기간 동안 남북한은 한치의 땅이라도 더 차지하려고 치열한 고지쟁탈전을 계속하였다.
- 전쟁개시 3년여 만인 1953년 7월27일 판문점에서 국군이 제외된 유엔측과 공산측 대표가 협정문서에 서명함으로써 정전협정이 조인되면서, 남북한은 휴전선으로 분단된 채 오늘에 이르고 있다.

유엔군의 한국 전쟁 참전 경과

　　제2차 세계대전 이후 국제 사회는 세계 평화와 안전을 보장하기 위한 집단안보체제를 구축하고자 했다. 이러한 노력의 일환으로 UN(United Nations)이 1945년 10월 24일 51개 회원국이 가입한 상태로 설립되었다. 유엔 헌장 제1조에 따르면 유엔의 주요 목적은 국제 평화와 안보를 유지하는 것이었으며, 이 헌장은 1950년 한국전쟁 발발과 함께 시험대에 올랐고, 이는 역사상 최초의 대규모 유엔군 파병 결과를 가져왔다.

　　1950년 6월 25일 북한이 남한을 침공했을 때, 유엔은 분쟁해결을 위해 필요성을 즉시 인식하고, 유엔 안전보장이사회는 같은 날 긴급 회의를 소집하여 "적대 행위의 즉각적인 중단과 38선으로의 북한군 철수, 유엔 헌장의 원칙 준수를 촉구"하는 결의안 82호를 통과시켰다. 그러나 북한은 이 결의안을 무시하고 계속 공격해 왔다.

　　이에 미국은 6월 27일에 새로운 결의안을 제안했는데, 안보리는 "회원국들이 무력 침략을 격퇴하고 역내 평화를 회복하기 위해 한국에 군사 지원을 제공할 수 있도록 허용"하는 결의안 83호를 채택했다. 이는 유엔이 국제평화 위반문제를 해결하기 위해 집단적인 안보조치를 발동한 첫 번째 사례이었다.

1950년 6월 27일 유엔 안전보장이사회

유엔 사무총장은 다국적 부대 지휘를 위한 통합사령부 설치를 제안하여, 마침내 7월 7일, 유엔 안전보장이사회는 결의안 84호를 통과시켜 공식적으로 유엔사령부(United Nations Command)를 창설하고 미국이 지휘하도록 지정했으며, 이 결의안은 유엔사령부가 모든 참전국 병력을 지휘통제 하도록 했다. 7월 8일, 미국 대통령 해리 트루먼(Harry Truman)은 당시 미국 극동사령부 사령관이었던 더글러스 맥아더(Douglas MacArther) 장군을 유엔군 총사령관으로 임명하였다.

이후 1950년 7월 14일, 대한민국 정부(이승만 대통령)는 한국군에 대한 작전통제권(Operational Control, OPCON)을 유엔군사령부(미 8군 사령관)에 이양하였다.

맥아더 장군의 군사 전략은 북한군의 남쪽 진출을 지연시키고, 공격 능력을 약화시키면서, 한반도 남동쪽 낙동강 방어선에서 반격을 준비하는 것이었으며, 그의 리더십은 전쟁 초기 유엔군의 조직과 향후 작전 방향에 중심이 되었다.

7월 3일까지 59개 유엔 회원국 중 41개국이 안보리의 조치에 대한 지지를 선언했으며, 9월 중순까지 29개국이 한국에 군사, 경제, 의료 지원을 제공했다. 미국, 영국, 호주, 프랑스, 캐나다, 튀르키예, 필리핀, 태국, 에티오피아, 그리스, 콜롬비아 등 총 16개국이 한국에 전투병력을 파견하였고, 또한 스웨덴, 덴마크, 인도, 노르웨이, 이탈리아, 서독 등 6개국이 의료 부대를 지원했으며, 38개국이 유엔을 통해 물적, 인도적 지원을 제공하였다. 전쟁 중 또는 전쟁 이후 총 60개국이 대한민국을 지원했으며, 이는 당시 전 세계 독립 국가의 약 64%에 해당하였다.

이러한 유엔 회원국들의 긴밀한 협력을 통한 한국전쟁 참전은, 한국전쟁을 전례 없는 국제적 성격을 부여하고 유엔 헌장에 따른 향후 집단 안보 체제의 토대를 마련하는 계기가 되었다.

Part 2
The Legacy of the Korean War Veterans
한국전쟁 참전용사의 유산

미국	에이든 플리어 (Aidan Fleer)
	알렉산더 프랫 (Alexander Pratt)
영국	칼리 비드웰 (Carly Bidwell)
호주	올리버 힐리 (Oliver Healy)
네덜란드	레오 슈뢰더스 (Leo Schreuders)
캐나다	레이첼 코트 (Rachel Cote)
뉴질랜드	케이션 알 린치 (Keishon R. Lynch)
태국	와시타 스리트라굴 (Wasita Sritragool)
그리스	소크라테스 부치카리스 (Socrates Boutsikaris)
남아프리카 공화국	알레시아 스테파누티 (Alessia Stefanutti)
벨기에	릴리안 수르브론 (Lilianne Sourbron)
필리핀	메리 엘렌 부로(Mary Ellen Burro)
	아망간 준신 (Amangan Joon Shin)
튀르키예	일라이다 아심길 (Ilayda Asimgil)
	에렌 일드름 (Eren Yıldırım)
룩셈부르크	맥스 스토펠 (Max Stoffel)
콜롬비아	스테파니 아르구에조 가오나 (Stephanie Arguello Gaona)
	발렌티나 로하스 마르티네스 (Valentina Rojas Martinez)
에티오피아	왁지라 개매주 (Wakjira Gemechu)
	베들레헴 소로몬 셴쿠테 (Bethelehem Solomon Shenkute)
프랑스	알리스 프리글동델 (Alice Prigl d'Ondel)
미국/대한민국	모니카 최 스토이 (Monika Choi Stoy)

미국 UNITED STATES

참전 기간	1950년 6월 27일 ~ 1955년 3월
총 파병 인원	1,789,000명

지상군 구성		
	보병 사단	8개
	해병 사단	1개
	연대 전투팀	2개
	실제 투입 병력	302,483명

해군 구성	
	극동 해군 제7함대
	제90임무부대
	제95임무부대

공군 구성	
	제5공군
	극동 공군 폭격사령부

유엔군 피해 현황		
	전사	36,940명
	부상	92,134명
	실종	3,737명
	포로	4,439명
	총계	137,250명

한국전쟁 참전 기념비는 경기도 파주시 문산읍 사목리에 위치해 있습니다.

이름도 얼굴도 모르는 사람들을 위해
헌신한 사람들

키네스 플리어를 기억하며

글쓴이
에이든 플리어

Kenneth Fleer(키네스 플리어)
미국 공군 하사

Aidan Fleer(에이든 플리어)
한국외국어대학교

자기소개

한국 전통 의상 한복을 입고 있는
에이든

제 이름은 에이든 플리어(Aidan Fleer)입니다.

제가 한국에 오게 된 여정은 전혀 예상치 못했던 여러 사건들이 서로 맞물리며 이어진 결과였고, 이는 제 인생에서 매우 중요한 전환점이 되었습니다. 이 모든 이야기는 위스콘신 대학교 매디슨 캠퍼스(University of Wisconsin Madison)에서 대학 1학년 첫 학기를 시작하던 날, 기숙사에서 룸메이트 김혜민을 처음 만났던 순간부터 시작되었습니다.

위스콘신(Wisconsin)의 작은 시골 마을에서 자란 저는, 한국처럼 낯선 문화를 온전히 체화하고 살아온 사람과 이렇게 가까운 거리에서 직접 교류해본 경험이 없었습니다. 처음에는 이 룸메이트와의 생활이 어떻게 흘러갈지 전혀 알 수 없었지만, 시간이 지나면서 우리는 좋은 친구가 되었고, 각자의 나라와 삶의 방식에 대해 다양한 시각을 나누며, 젊은 대학생다운 즐거운 시절을 함께 보냈습니다.

저는 대학에서 중국어와 창업학을 전공했습니다. 덕분에 동아시아 지역에 대해 일반적인 미국인보다 더 적극적이고 집중적인 관심을 갖게 되었고, 이는 저의 진로에도 큰 영향을 미쳤습니다. 학부 재학 중에는 중국 톈진(Tianjin)에서 교환학생으로 공부했으며, 졸업 후에는 홍콩에서 짧게 일한 경험도 있었습니다. 그러나 이후 코로나19 팬데믹으로 인해 미국으로 돌아와야만 했습니다.

대학을 졸업한 이후, 혜민과는 간헐적으로 연락을 주고받으며 관계를 이어갔습니다. 그러던 어느 날, 그가 예전에 나눴던 제 할아버지가 한국전쟁에 참전하셨다는 이야기를 기억하고 있다고 말해주었습니다. 당시 저에게는 그저 지나가는 대화 중 하나였지만, 지금은 압니다. 한국인에게 이 전쟁과 그로부터 이어지는 유산은 결코 가볍게 여겨지는 주제가 아니라는 것을요. 그는 저에게 유엔 한국전쟁 참전용사 후손 장학금 제도를 소개해 주었고, 저는 마침 새로운 프로젝트와 직장 사이의 전환기를 보내던 중이었기에, 다시 동아시아로 향하는 새로운 모험의 기회로 여겨 이를 신청하게 되었습니다. 그 결과, 장학생으로 선발되어 2023년 3월 한국으로 이주하게 되었고, 한국어 연수와 더불어 새로운 삶의 장을 여는 석사 과정을 시작하게 되었습니다.

현재 저는 한국외국어대학교에서 국제지역학 석사과정 3학기를 앞두고 있습니다. 특히 국제통상학을 전공하며 한국 사회의 경제와 문화, 언어를 실제 삶의 현장에서 직접 체험하고 배울 수 있는 기회를 누리고 있습니다. 저에게 이 과정은 단순한 유학이 아닌, 사고의 폭을 넓히고 새로운 세계를 더욱 깊이 이해해가는 귀중한 여정이 되었습니다.

미국의 헌신

제2차 세계대전이 끝난 직후, 세계가 아직도 불안정한 상태에 놓여 있던 가운데, 한반도에서는 자유를 되찾은 지 얼마 되지 않은 땅을 두고 서로 다른 이념이 충돌하는 전쟁이 발발했습니다. 이 시기 세계 주요 강대국들은 각각 대립하는 진영에 가담했으며, 북한은 초기에 소련의 지원을 받았고 이후에는 주로 중국의 군사적 도

워싱턴 D.C., 미국에 위치한 한국전쟁 참전용사 기념비에 세워진 군인 조각상들
"워싱턴 D.C. 한국전쟁 참전용사 기념비" © 2011, 캐롤 M. 하이스미스 (Carol M. Highsmith)

움을 받게 되었습니다. 반면, 남한은 유엔 회원국들, 특히 서방 진영 국가들의 지지를 받으며 민주주의 원칙 아래 그 존립을 지켜나가려 했습니다.

이러한 세계 정세 속에서, 미국은 자유주의 민주주의 원칙을 기반으로 새롭게 세워진 대한민국을 공산주의와 사회주의의 확산으로부터 보호하고자 하는 서방 진영의 중심축으로 떠올랐습니다. 특히 유럽이 전쟁의 상처로 인해 여전히 회복 중이었던 반면, 북미는 상대적으로 피해를 덜 입어 군사적·경제적으로도 보다 즉각적이고

실질적인 대응이 가능했습니다. 이런 배경 속에서 미국은 유엔 안전보장이사회의 결의에 따라 유엔군의 한반도 내 모든 군사 활동을 총지휘하는 역할을 맡게 되었으며, 이 작전의 사령관으로는 제2차 세계대전에서 활약한 명장 더글러스 맥아더 원수가 임명되었습니다.

미국은 한국전쟁 동안 1950년부터 1955년까지 약 180만 명에 달하는 남녀 병력을 파병하며 압도적인 규모로 참전했고, 이 기간 동안 36,940명의 전사자가 발생했습니다. 그러나 이 전쟁은 흔히 '잊혀진 전쟁(The Forgotten War)'으로 불리게 되었습니다. 그 이유는 제2차 세계대전의 압도적인 역사적 무게와 이후 베트남전쟁이 남긴 사회적 파장에 비해, 한국전쟁은 상대적으로 주목받지 못했기 때문입니다. 실제로 당시 미국 내 여론은 베트남전쟁만큼 극단적으로 찬반이 갈리지 않았고, 일부는 이 전쟁을 단지 '경찰 작전(police action)' 수준으로 인식하기도 했습니다.

할아버지의 이야기

1951년경 조지아 주 캠프 조지 훈련소에서의 키네스 플리어. (첫 번째 줄, 왼쪽에서 다섯 번째)

저의 할아버지 키네스 플리어(Kenneth Fleer)는 1929년 11월 8일에 태어난 전형적인 미국 중서부 스타일의 남성이었습니다. 미주리(Missouri)라는 대초원 지대의 주에서 태어나 대부분의 삶을 그곳에서 보냈으며, 배관공으로 일하는 노동직 종사자로서 일생을 성실히 살아냈습니다. 사랑하는 아내 라번과 함께 시골 스타일의 삶을 살며 일곱 명의 자녀를 키웠습니다. 제 기억 속의 할아버지는 실용적이고 직설적이며 근면하고 다소 엄격한 성격의 사람이었습니다. 저는 많은 손주들 중 한 명이었기 때문에 특별히 가까운 관계는 아니었지만, 늘 "학교 열심히 다니고, 열심히 일해야 한다 (stay in school and work hard)" 는 말을 하셨던 기억이 납니다.

할아버지는 2020년 5월 27일, 자택에서 평안히 생을 마감하셨습니다. 그와 함께 한국전쟁 당시의 많은 이야기들도 세상을 떠났죠. 할아버지의 다섯 번째 아들인 저의 아버지에 따르면, 할아버지는 복무 시절에 대해 말씀해주신게 많이 없다고 하셨지만, 그럼에도 불구하고, 저는 할아버지를 대신해 몇 가지 확인된 기록과 자료를 소개할 수 있게 되었습니다.

장학금 신청을 위해 저는 미주리 주 세인트루이스에 있는 국가 인사기록센터(NPRC)에 연락하여 한국전 참전 기록을 확인해야 했습니다. 안타깝게도 1973년에 대형 화재가 발생해 많은 기록이 소실되었지만, 미군의 전역 보고서 양식을 통해 일부 확인 가능한 정보를 얻을 수 있었습니다.

할아버지는 미 공군의 항공통제 및 경계 부문에 소속되어 복무하셨으며, 전역 당시에는 하사의 계급에 이르렀습니다. 총 4년간 복무하셨으며, 그 중 2년 5개월 7일을 해외에서 근무하신 것으로 기록되어 있으며, 이 기간동안 극동 공군(FEAF) 소속으로 근무하셨던 것으로 추정됩니다. 원래는 라디오 및 통신 분야에서 훈련을 받으셨기 때문에 전투 병력이 아니라 지원 역할을 수행하셨습니다.

조지아(Georgia) 주에 위치한 캠프 고든에서 몇 개월간 훈련을 마친 후, 가족들로부터 전해들은 바에 따르면 할아버지는 주로 일본 후쿠오카에 주둔하셨습니다. 당시 제6160 항공단(6160th Air Base Wing) 산하의 항공통제 및 무선통신 기지에서 근무하신 것으로 보입니다. 그 지역에서 가장 큰 항공기지는 이타즈케 기지(Itazuke Air Base)였으며, 현재는 후쿠오카 공항 부지로 사용되고 있습니다.

저희 할아버지께서는 주로 공군과 해군 부대 간의 작전 계획 조율 및 정보 전달을 담당하는 통신 업무를 맡으셨습니다. 그는 고속 무선통신 운영자 및 텔레타이프 통신 장비를 다루는 업무에 종사하셨고, 이후에는 항공 교통 통제 부대에서의 주특기 훈련단 (SOJT: Structural On the Job Training)에도 참여하셨습니다. 제가 특히 흥미롭게 느낀 점은, 할아버지께서 정보 담당자로서 매우 기밀성이 높은 업무를 수행하셨다는 사실입니다. 그가 다루던 정보는 성공 여부와 관계없이 기획된 작전들과 적군의 활동에 관한 첩보 등, 고도의 보안이 요구되는 내용들이었습니다. 수십 년이 흐른 지금, 당시의 많은 정보들이 비밀 해제되었을 가능성도 있지만, 엄격한 성품을 지니셨던 할아버지께서는 자신이 관여했던 일들에 대해 말하기를 좋아하지 않으셨기에, 그 모든 세부 사항은 여전히 미지의 영역으로 남아 있습니다. 그 대신, 할아버지께서는 종종 비번일에 대한 이야기를 들려주시곤 했습니다. 일본 기지에서 외출이 허락되었을 때, 동료 병사들과 함께 지역을 둘러보거나 휴식을 즐겼던 기억들 말입니다. 그는 작전보다는 그와 같은 소소한 일상 속 순간들을 더 편안하게 이야기하셨고, 저희 가족에게는 그 소중한 기억들이 그의 인생을 더 깊이 이해할 수 있는 창이 되어주었습니다.

할아버지께서는 한국 전쟁 중 두 차례의 작전에서 복무하신 공로로, 한국 전쟁 참전 메달과 두 개의 동성 무공훈장을 받으셨습니다. 해당 작전은 다음과 같습니다: (1) 1952년 5월 1일부터 11월 30일까지 진행된 1952년 여름-가을 작전(Summer-Fall 1952 Campaign), (2) 1952년 12월 1일부터 1953년 4월 30일까지의 제3차 한국 겨울 작전(Third Korean Winter Campaign)입니다. 이 외에도 몇 개의 다른 군 복무 관련 훈장들도 함께 수여받으셨습니다.

여담으로 저의 형 이야기를 잠깐 해드리겠습니다. 제 형은 2000년대 초중반쯤—그러니까 거의 20여 년 전쯤—학업 장학 프로그램의 일환으로 참가했던 대회에서 할아버지의 전쟁 이야기를 바탕으로 한 글을 써, 수상을 한 적이 있습니다. 형은 미국 위스콘신 주 밀워키(Milwaukee, Wisconsin)시에서 열린 미국 현충일 퍼레이드에서 큰 군용 탱크를 타고 도로를 행진하게 되었고, 할아버지도 함께 참석하셨습니다. 형이 그 거대한 탱크 위에 올라 있던 모습은 제 눈에 아주 인상 깊은 장면으로 남아 있습니다. 당시 형은 아마 열두 살 정도였는데, 탱크와 형의 체격 차이가 어찌나 컸는지 정말 놀라웠습니다. 그때는 전쟁의 무게나 군사 장비의 위력을 제대로 이해하지 못했지만, 시간이 지나고 나서야 그 모든 것이 얼마나 큰 의미를 지니는지를 알게 되었습니다. 비록 거창한 전투 영웅담은 아니지만, 형이 기억을 더듬어 기록해낸 이 작은 회상은 저에게도 소중한 기억으로 남아 있으며, 이 이야기를 함께 나누고 싶었습니다.

플리어 하사의 메달과 기념품 전시물에 적힌 글귀
"우리 국가는 한 번도 알지 못했고, 만나본 적도 없는 나라와 국민을 지키기 위해 부름에 응한 아들딸들을 기립니다"

플리어 하사의 메달과 기념품 전시물에 적힌 글귀

"우리 국가는 한 번도 알지 못했고, 만나본 적도 없는 나라와 국민을 지키기 위해 부름에 응한 아들딸들을 기립니다 (Our nation honors her sons and daughters who answered the call to defend a country they never knew and a people they never met)"

어느 날 밤, 할아버지는 잠이 오지 않아 막사 내 화장실 쪽으로 세수를 하고 이를 닦으러 나가셨습니다. 그 부근이 야전 진지의 경계선 근처였는데, 분주한 막사 안에서 코고는 동료 병사들과 떨어져 신선한 공기를 쐬고 싶어 몇 분간 밖에 머무르셨다고 합니다. 아마도 담배 한두 개비를 피우셨을지도 모릅니다. 그러다 갑자기 가까운 덤불에서 무언가 움직이는 소리가 들렸고, 할아버지는 천천히 조심스레 그쪽으로 다가가며 마음속으로 '침입자일까? 적의 습격대이나 정찰대일까?'라며 긴장했다고 합니다. 만약 그랬다면 즉시 경계 태세를 알리기 위해 뛰어가야 하기에 두려웠

막사 주변을 걷고 있는 군인

항공 통제 및 경보 부대 소속 요원들이 각자의 임무를 수행하는 모습

공개되지 않은 위치, 추정컨대 한국에 있는 곳으로, 켄 (키네스)이 배치되었던 기지 근처로 보이는 장소

일본 후쿠오카 이타즈케 공군기지에 정박 중인 항공기

2015년, 할아버지께서 한국을
방문하셨을 때

다고 합니다. 가까이 다가가자 소리가 멈췄고, 놀랍게도 그 정체는 야행성 동물, 아마 너구리로 추정되는 동물이었다고 합니다. 이 이야기는 전선에 있지 않은 사람들조차 전쟁 속에서 느끼는 만연한 불안과 극도의 스트레스를 보여준다고 생각합니다.

한편, 할아버지는 2010년대 중반쯤 참전용사 단체를 통해 아내 라번(Laverne) 여사와 함께 한국을 방문할 기회를 얻어 일주일간의 한국전 참전용사 기념 여행에 참여하셨습니다. 그곳에서 한국의 문화와 평화, 번영을 직접 경험하셨지요. 제게 가장 인상 깊은 사진 중 하나는, 할아버지와 할머니께서 한국 전통 한복을 곱게 차려입고 기념 여행의 환대와 기쁨을 누리시는 모습입니다. 당시 그들은 북한의 지하땅굴 일부도 견학하였으며, 그 여행에 관한 사진이 신문에 실리기도 했습니다.

미래 세대에게 보내는 메시지

세월이 흐르며 한국 전쟁에 참전하셨던 분들의 수가 점점 줄어들고 있는 이때에, 그들의 헌신과 희생은 결코 잊혀져서는 안 될 것입니다. 기념비, 기록물, 유품들, 그리고 후손들의 증언을 통해, 그분들의 이야기는 살아 숨 쉬며, 우리가 앞으로 나아가야 할 세상에 중요한 가르침을 줍니다. 저 역시 이 전쟁과 연결된 후손으로서, 직접적인 경험은 없을지라도 이 기억을 되새기고 전하는 일이 참으로 중요하다고 느끼고 있습니다. 혹시 이 글을 읽는 분들 중에, 저처럼 어떤 전쟁이나 역사적 사건과 연결된 자리에 계시다면, 그 이야기를 기록하고 나누는 일이 충분히 의미 있고 가치 있는 일임을 말씀드리고 싶습니다. 우리가 함께 살아가는 이 세상은 수많은 과거의 사건과 희생 위에 세워졌으며, 이를 잊지 않는 것이야말로 더 나은 미래를 향한 첫걸음이 아닐까 생각합니다.

두 전쟁 영웅의 이야기

셜먼 W. 프랫을 기리며

글쓴이
알렉산더 프랫

Sherman W. Pratt(셜먼 W. 프랫)
중령

Alexander Pratt(알렉산더 프랫)
셰프

자기소개

　제 이름은 알렉산더 프랫(Alexander Pratt)이며, 한국전쟁 참전 용사였던 셜먼 W. 프랫 (Sherman W. Pratt) 중령의 손자입니다. 할아버지께서는 미 육군 제2보병사단 제23보병연대 소속으로 한국전쟁에 참전하셨으며, 1938년 사병으로 군 생활을 시작하신 뒤 장기간 복무하시다 중령으로 명예롭게 은퇴하셨습니다.

　저는 미국 플로리다(Florida)에서 성장했고, 어린 시절에는 자주 버지니아 주 알링턴(Arlington, Virginia)에 계신 할아버지를 찾아뵙곤 했습니다. 대학에서는 경영학을 전공하였으며, 졸업 후 몇 년간 회계사로 일하며 전문 경력을 쌓았습니다. 그러나 시간이 흐르면서 요리에 대한 진정한 열정을 발견하게 되었고, 현재는 플로리다의 한 레스토랑에서 셰프로 일하며 새로운 인생의 장을 열어가고 있습니다. 또한 개인적으로는 역도 선수로도 활발히 활동하고 있습니다.

1992년에 할아버지께서 집필하신 책 [한국전쟁의 결정적인 전투들]

　어린 시절부터 저는 할아버지께서 들려주시는 군 복무 시절의 이야기, 특히 제2차 세계대전과 한국전쟁에서의 경험을 자주 들을 기회가 있었습니다. 할아버지께서는 한국전쟁에서의 주요 전투 경험을 담아 1992년 「한국전쟁의 결정적 전투(Decisive Battles of the Korean War)」라는 저서를 출간하시기도 했습니다. 그 책은 전쟁의 참혹함과 함께, 병사들의 용기와 헌신을 담담히 기록한 귀중한 자료로 남아 있습니다.

할아버지 셔먼 프랫과 함께 (2010년 9월)

아버지 폴 프랫과 함께한 한국 재방문 당시 (2013년 6월)

저는 군 복무를 하지는 않았지만, 할아버지의 복무와 헌신에 대해 깊은 존경과 감사를 느끼고 있습니다. 할아버지께서는 군인으로서 뿐만 아니라, 역사에 대한 깊은 애정을 지닌 학자이자 교육자이시기도 했습니다. 특히 워싱턴 D.C.(Washington, D.C.)에 세워진 한국전쟁 참전용사 기념비 건립에도 깊이 관여하셨으며, 한국전 참전 용사로서의 책임과 유산을 자랑스럽게 간직해오셨습니다.

이러한 할아버지의 유산 덕분에 저는 두 차례 한국을 방문할 수 있는 귀중한 기회를 가졌습니다. 첫 번째는 2012년, 부산의 홍법사에서 후원해 주신 덕분에 한국을 찾을 수 있었고, 두 번째는 2013년 대한민국 국가보훈처의 초청으로 이뤄졌습니다. 두 번의 방문 모두 저에게 매우 뜻깊고 감동적인 경험이었으며, 한국과 한국 문화에 대해 더 깊이 이해할 수 있는 소중한 시간이었습니다.

특히 한국의 음식은 제게 큰 감명을 주었습니다. 다양한 식재료가 어우러진 풍부한 맛과 섬세한 식감, 그리고 식탁 위에 펼쳐지는 다채로운 색채는 요리사로서의 제 감각에도 깊은 울림을 주었습니다. 한국 음식은 단순한 식사가 아닌 하나의 예술이자 문화라는 사실을 새삼 느낄 수 있었습니다.

할아버지의 한국전 참전 경험과 저의 두 차례에 걸친 한국 방문, 특히 한국의 군부대를 직접 둘러볼 수 있었던 특별한 기회를 통해, 저는 또래의 일반적인 미국인들보다 한국전쟁에 대해 훨씬 더 깊이 있게 이해할 수 있었습니다. 이 과정을 통해 미국이 그 전쟁에서 어떤 역할을 수행했는지, 또 어떠한 기여를 했는지에 대해서도 더욱 분명하게 인식하게 되었습니다. 아울러 이러한 역사적 경험은 오늘날 미국과 대한민국 간의 동맹 관계가 지니는 중요성에 대해서도 깊이 생각해보게 하는 계기가 되었습니다. 특히 북한이 지속적으로 보여주는 예측 불가능한 위협과, 그들의 대규모 군사력, 그리고 핵무기 보유 능력을 고려할 때, 양국 간 동맹의 필요성과 전략적 중요성은 결코 간과할 수 없는 사안임을 절실히 느끼고 있습니다.

할아버지의 이야기

제 할아버지 셔먼 W. 프랫께서는 애리조나주 투손(Tucson, Arizona)에서 태어

셔먼 프랫 중령 (1959년)

나신 후 어린 나이에 고아가 되셨습니다. 1939년 미 육군에 입대하신 할아버지께서는 제3보병사단 제7보병연대 소속으로 워싱턴 주에 배치되어 복무를 시작하셨고, 제2차 세계대전 기간 동안 해당 연대가 참여한 10개 작전 전투 모두에 참전하셨습니다.

사병으로 시작하여 하사, 중사, 상사까지 모든 부사관 계급을 거치신 후, 1945년 초 전장에서 장교로 임관되셨고, 이후 중위 계급으로 제7보병연대 L중대를 지휘하셨습니다. 이 부대는 제2차 세계대전 말기 히틀러의 별장 오버잘츠베르크(Obersalzberg)와 '이글스 네스트(Eagle's Nest)'로 알려진 장소에 진입한 2개 중대 중 하나였습니다. 전쟁 직후에는 대위로 진급하시고, 계속해서 군 복무를 이어가셨습니다.

한국전쟁이 발발하자, 할아버지께서는 아칸소주 리틀록에 주둔하던 제2보병사단으로 전속되어 제23보병연대 전투단 B중대의 지휘를 맡으셨습니다. 1950년 11월 29일부터 30일까지 벌어진 청천강 전투에서는 근우리 인근에서 중대를 이끌고 수적으로 압도적인 중공군과의 격렬한 교전을 지휘하셨습니다. 당시 전투는 매우 긴박하고 절박한 상황이었지만, 제2차 세계대전에서 축적하신 실전 경험 덕분에 할아버지께서는 침착하게 상황을 통제하시며 지휘관과 병사 모두에게 신뢰와 용기를 심어주셨습니다.

셔먼 프랫 대위, 북위 39도선에서 (1951년 1월)

셔먼 프랫 소령, 1951년 여름

이 전투에서의 뛰어난 공로로 할아버지께서는 미국 정부로부터 실버스타 훈장을 수훈하셨습니다. 현재 이 훈장의 증서는 제가 소중히 보관하고 있으며, 그에 적힌 공적 내용은 다음과 같습니다.

"미합중국 대통령은 1918년 7월 9일 제정된 연방법에 따라, 셔먼 월터 프랫 보병 대위에게 두 번째 은성 무공 훈장을 기리기 위한 청동 참나무 잎 클러스터를 수여함을 기쁘게 알린다. 1950년 11월 29일과 30일, 한국 근우리 인근에서 적군과 교전 중이던 제2보병사단 제23보병연대 B중대 소속으로서 그는 부대의 철수를 엄호하기 위한 방어 임무를 부여받았다(The President of the United States of America, authorized by Act of Congress July 9, 1918, takes pleasure in presenting a Bronze Oak Leaf Cluster in lieu of a Second Award of the Silver Star to Captain (Infantry) Sherman Walter Pratt, United States Army, for gallantry in action as a member of Company B, 23d Infantry Regiment, 2d Infantry Division, in action against an armed enemy on 29 and 30 November 1950 in the vicinity of Kunu-ri, Korea).

11월 30일 새벽, 그의 방어진은 수적으로 월등히 우세한 적군의 공격을 받았고 많은 사상자가 발생했다. 그러나 프랫 대위는 전투가 벌어지는 곳마다 병력을 능숙하게 재배치하며, 모든 적의 공격을 효과적으로 저지하였다.

그는 자신의 안전을 전혀 고려하지 않고 치열한 적의 포화 속에서 끊임없이 전면에 나서 방어 작전을 진두지휘하였다. 그의 강인하면서도 영감을 주는 리더십은 남은 병력을 끝까지 하나로 묶고, 방어 임무를 성공적으로 완수하는 데 결정적 역할을 했다.

이 날 그가 보여준 용기와 유능한 지휘는 그 자신은 물론, 미 육군 전체의 큰 명예가 되었다."

이후 할아버지께서는 제23보병연대 전투단 제1대대의 작전과장(Operations Officer)으로 임명되셨습니다. 대대작전과장은 대대장과 부대대장에 이어 대대 내에서 가장 중요한 역할 중 하나로, 작전 계획 수립과 전투 지원을 총괄하는 책임을 지닙니다.

작전 과장으로 근무하시던 중, 할아버지께서는 1951년 9월 13일부터 10월 15일까지 철원 인근에서 벌어진 단장의 능선 전투(Battle of Heartbreak Ridge)에 참전하셨습니다. 이 전투는 앞선 피의 능선 전투(Battle of Bloody Ridge)에서 패배한 북한군이 대규모 방어 진지를 구축한 상태에서 벌어진 치열한 공세 작전이었습니다.

할아버지께서는 소속 대대가 투입될 성공적인 공격 작전을 수립하시고 이를 효과적으로 실행하셨습니다. 전투가 마무리된 이후, 그는 소령으로 진급하시고, 제23연대의 인사 과장으로 승진하셨습니다.

약 1년간 한국전에서의 헌신적인 임무를 마친 후, 할아버지께서는 한국을 떠나 미 육군 내에서 군 경력을 계속 이어가셨습니다.

한국 전쟁 후 할아버지의 이야기

한국전쟁에서의 임무를 마친 후 귀국하신 할아버지께서는, 이후에도 계속해서 미 육군에서 복무를 이어가셨습니다. 군인으로 재직 중에도 학문에 대한 열정을 놓지 않으셨던 할아버지께서는, 아칸소 주 리틀록에 위치한 아칸소 대학교에서 야간 강좌를 통해 법학 학위를 취득하셨습니

1960년대 언젠가 항해 중인 셔먼 프랫

다. 1959년에 명예롭게 전역하신 이후에는 연방정부 기관인 연방통신위원회(Federal Communications Commission, FCC)에서 계약 전문 변호사로 근무하셨습니다. 더불어 제2보병사단 협회(Second Infantry Division Association)의 일원으로 활발한 활동을 이어가셨으며, 특히 한국에 주둔 중인 제2사단 장교들과 함께 과거 전장터를 돌아보는 기념 행사에 여러 차례 참여하시기 위해 한국을 직접 방문하시기도 했습니다.

할아버지께서는 군 복무 외의 삶에서도 모험심 가득한 분이셨습니다. 열정적인 요트 애호가이자 스포츠카 운전자였던 할아버지께서는 아프리카 대륙을 자동차로 횡단하신 대단한 모험가이기도 하셨습니다.

또한, 할아버지께서는 워싱턴 D.C. 내셔널 몰에 건립된 한국전쟁 참전용사 기념비의 조성을 위한 기금 마련과 건립 프로젝트에 직접 참여하셨습니다. 한국전쟁 참전용사협회의 회원으로서, 협회에서 발행하는 공식 소식지인 The Graybeard 에 자

주 기고하셨고, 전우들과의 유대를 지속적으로 이어가셨습니다.

지역 역사에도 큰 애정을 품고 계셨던 할아버지께서는 버지니아 주 알링턴 지역의 역사에 관한 저서를 직접 집필해 출판하시기도 했습니다.

2013년 9월 23일, 할아버지께서는 향년 91세를 일기로 평안히 눈을 감으셨으며, 그 생애의 마지막은 알링턴 국립묘지에 안장되심으로써 장병으로서의 삶을 마무리하셨습니다.

미래 세대에게 보내는 메시지

여러분 모두 반드시 대한민국을 방문하여, 지난 75년 동안 한국 국민이 이뤄낸 위대한 성취를 직접 눈으로 보고 마음으로 느껴보시기 바랍니다.

오늘날의 대한민국은 "기적"이라 불릴 만큼 눈부신 발전을 이룩한 나라입니다. 이 눈부신 도약은 단기간에 이루어진 결과가 아니라, 수많은 세대에 걸쳐 이어져 온 한국인들의 변함없는 헌신과 부단한 노력의 산물입니다.

그와 동시에, 우리는 결코 잊지 말아야 합니다. 대한민국의 자유와 번영을 지키기 위해 낯선 땅에서 싸우고, 피 흘리고, 목숨을 바친 이들의 숭고한 희생이 있었기에 이 모든 것이 가능했다는 사실을 말입니다.

2024년 11월, 할아버지의 묘소가 있는 알링턴 국립묘지를 방문하며

그들의 희생은 단순한 군사적 기여를 넘어, 미국이 대한민국을 향해 보여준 깊은 유대와 지속적인 사랑의 상징이며, 이는 영원히 기억되고 계승되어야 할 연대의 증표입니다.

이 모든 역사와 발전의 배경에는 바로 참전용사 여러분이 계십니다. 그분들의 헌신 없이는 오늘날의 대한민국도, 한미 양국 간의 굳건한 동맹도 존재하지 않았을 것입니다. 이에 우리는 가장 깊은 감사의 마음을 담아, 참전용사 한 분 한 분께 경의와 존경을 바칩니다.

영국 UNITED KINGDOM

참전 기간	1950년 6월 29일 ~ 1957년
총 파병 인원	81,084명
지상군 구성	보병 여단 2개 해병 특공대 1개 파병 병력 14,198명
해군 구성	총 52척의 함정 (항공모함 5척 포함)
유엔군 피해 현황	전사 1,106명 부상 2,674명 실종 179명 포로 978명 총계 4,937명

한국전쟁 참전 기념비는 경기도 파주시 적성면 설마리에 위치해 있습니다.

우리들의 영웅

데릭 앤서니 비드를 기억하며

글쓴이
카를리 비드웰

Derek Anthony Bidwell
(데릭 앤서니 비드웰)
수석 신호병

Derek Anthony Bidwell
(칼리 비드웰)
부교장, 햄프셔

자기소개

데릭 앤서니 비드웰 RN No. 890293 출생: 1935년 8월 16일

어린 시절, 저와 형제들은 데릭(Derek) 할아버지가 우리의 할아버지라는 사실에 늘 큰 자부심을 느꼈습니다. 할아버지는 다른 누구와도 비교할 수 없는 특별한 분이셨기 때문입니다. 할아버지의 집은 해군 관련 기념품들로 가득했고, 저희 가족이 방문할 때면 언제나 "승선을 환영합니다!(Welcoming us Aboard!)"라는 인사로 우리를 맞아 주셨습니다. 이후에는 해군 럼주로 여왕께 건배를 올리는 전통이 이어졌죠. 덕분에 우리는 자연스럽게 할아버지께서 해군에서 복무하셨다는 사실을 알 수 있었습니다.

시간이 흐르며 '제독(Admiral)'이라는 별명으로 친구들 사이에서 불리던 할아버지는 비행을 시작하셨습니다. 사관후보생들은 물론, 저를 포함한 가족들에게도 비행을 가르쳐 주셨고, 우리 가족 모두가 할아버지와 함께 하늘을 나는 경험을 했습니다. 저는 특히 할아버지께서 곡예비행을 하실 때 가장 즐거웠습니다. 할아버지는 세스나(Cessna) 비행기는 물론, 야크(Yak)와 타이거 모스(Tiger Moth) 같은 항공기들도 자유자재로 조종하셨습니다.

저는 늘 이렇게 멋진 할아버지를 둔 것이 자랑스러웠고, 할아버지의 군 복무와 비행 경력은 저희 가족 모두에게 깊은 영향을 주었습니다. 저 또한 공군 후보생(Air Cadet)으로서 영국 왕립공군 크랜웰(RAF Cranwell)에서 장교 선발 과정을 거쳤습니다.

할아버지는 비행뿐 아니라, 남동해안의 사우스엔드 온 씨(Southend-on-Sea)에서 열린 수영 및 다이빙 대회에도 항상 저와 제 형제를 응원해 주셨습니다. 곧 알게 되시

2017년, 영국 포츠머스에서: 데릭 비드웰 할아버지와 그의 일곱 손주들 왼쪽부터 오른쪽 순으로: 아미 셰브럴스, 루크 셰브럴스, 칼리 비드웰, 쿠퍼 비드웰, 벤 셰브럴스, 아담 비드웰, 해리 비드웰.

겠지만, 할아버지께서도 매우 뛰어난 수영 선수이자 다이버셨답니다.

　현재 저는 중등학교의 부교장으로 재직 중이며, 역사 과목을 가르치고 있습니다. 겉보기에는 할아버지의 삶과 직접적인 관련이 없어 보일 수 있지만, 제 사무실 한켠에는 늘 할아버지의 사진이 걸려 있습니다. 매년 학교에서 열리는 추모 행사에서는 언제나 할아버지께서 중심에 서 계시며, 학교의 명예 명단을 대표하고 계십니다.

영국과 한국전쟁

　영국은 1950년 6월 29일부터 1953년까지 한국전쟁에 참전하였습니다. 총 81,084명의 영국군이 유엔군 측 일원으로 파병되었으며, 미국에 이어 두 번째로 많은 병력을 지원한 국가였습니다. 파병은 1950년 7월 1일 해군의 도착으로 시작되었고, 이어 8월 28일에는 육군이 한국에 도착하였습니다.

　전쟁 기간 동안 1,106명의 영국군이 전사하였으며, 이 가운데 886명은 대한민국 부산에 위치한 유엔기념공원에 안장되어 있습니다. 전쟁이 종식된 이후에도 일부 영국군은 1957년까지 군사 관측 임무를 수행하며 한국에 남아 있었습니다.

　한편, 2014년 12월 3일에는 런던에 한국전쟁 기념비가 건립되어, 참전용사들의 희생과 헌신을 기리고 있습니다.

에셀, 헬렌, 데렉, 그리고 찰스 비드웰

데렉 비드웰,
HMS 갱지스
(1950년)

데렉 비드웰과 다른 한국전 참전용사들 (2018년)

할아버지의 이야기

할아버지는 1935년 8월 16일, 웰링(Welling)에서 태어나셨습니다. 어릴 적부터 모형 제작을 즐기셨으며, 한때는 증조할머니께서 직접 바느질하신 돛과 정교한 장비들이 달린 나무 돛단배를 만들기도 하셨습니다. 할아버지는 단손 공원(Danson Park)의 수영장과 호수를 자주 찾아 그곳에서 배를 띄우고, 공기총으로 배를 침몰시키는 놀이를 즐기셨습니다.

해군에 입대하기 전에는 미술과 음악 수업을 들었고, 바이올린 연주도 배웠습니다. 일곱 손주들에게는 할아버지이자, 현재는 두 명의 증손자까지 둔 증조부이신 데릭은 1950년 11월 14일, 불과 열네 살의 나이에 영국 해군에 입대하셨습니다. 할아버지의 아버지는 할아버지의 입대를 원치 않으셨지만, 어머니의 설득 끝에 HMS 갱지스(HMS Ganges) 입대 서류에 서명하게 되셨습니다.

할아버지는 북에식스(North Essex)에 위치한 HMS 갱지스에서 훈련을 시작하셨고, 그곳에서 수구 선수로 활동했으며, 하이보드 다이빙과 수영에도 뛰어난 실력을 보이셨습니다. 훈련 첫날, 할아버지는 신체 검사를 받았고, 모든 훈련생은 규정에 맞는 머리 스타일로 머리를 깎아야 했습니다. 제복을 지급받기 전에는 반드시 샤워를 해야 했는데, 샤워실은 기숙사 건너편 예행연습장 맞은편에 위치해 있었습니다. 훈련생들은 수건 하나만 두른 채, 11월의 매서운 찬바람과 빗속을 뚫고 샤워실까지 달

극동에서 함정에 탑승 중인 데릭 비드웰

데릭 비드웰(맨 오른쪽), HMS 뉴캐슬 함상에서 통신팀과 함께

킹스턴어폰템즈에서 열린 한국전 참전용사 기념 행사에 참석한
데릭

2010년 런던 추모의 날, 칼리, 데릭, 애덤 비드웰

려가야 했습니다.

할아버지는 장교 후보생 과정으로 전환할 기회도 있었으나, 한때 해군성 함대에서 신호수로 복무하셨습니다. 신호수로서 할아버지는 해안 부대의 무선통신병 역할을 맡았으며, 1950년대 당시에는 휴대용 무전기가 매우 컸기 때문에 소총을 휴대할 수 없어 45구경 권총을 지급받기도 했습니다.

어느 날, 할아버지와 동료 선원들은 연합군 항공기가 비상 착륙하는 장면을 목격하였습니다. 착륙에 앞서 항공기는 로켓을 바다에 투하했는데, 그 로켓들이 해변의 모래에 깊숙이 박히게 되었습니다. 할아버지는 그 로켓들을 처리하기 위해 상륙 임무를 맡은 팀의 일원으로 참여하셨습니다.

당시에는 로켓 폭파에 관한 전문 지식이나 기술자가 없어 작업이 매우 위험했으며, 첫 번째 폭발에서는 폭발력이 너무 강해 작업 중이던 인원 모두가 충격에 의해

한국전쟁 참전용사의 유산

쓰러졌다고 합니다. 이후에는 폭약의 양을 조절하고, 작업 시 모래 언덕 뒤로 피신하면서 폭파 작업을 이어갔습니다.

할아버지는 배에 탑승해 있을 당시, 함선이 한국 본토를 향해 포격을 가하던 상황에 대해서도 말씀해 주셨습니다. 포격이 시작되기 전, 배 안에서는 경고 종이 울렸고, 곧이어 포탄이 발사되었습니다. 당시 포성은 매우 컸으며, 함선 전체가 진동할 정도였다고 회상하셨습니다. 특히 함선의 측면에서 일제 사격이 이뤄질 때는 배가 물 위에서 실제로 뒤로 밀릴 정도였다고 하셨습니다.

그러나 할아버지는 이러한 두려운 상황에 대해서는 길게 말하시거나 깊이 회상하시지는 않으셨습니다. 오히려 배 위에서 엘비스 프레슬리의 음악에 맞춰 지브 춤을 추곤 했다는 이야기를 저와 형제들에게 들려주시곤 했습니다. 실제로 아버지인 폴이 태어났다는 소식을 처음 들었을 때도, 엘비스 프레슬리의 'Jailhouse Rock'을 듣고 계셨다고 말씀하셨던 기억이 납니다.

할아버지는 한국에 파병되었을 당시, HMS 뉴캐슬(Newcastle) HMS 버밍엄(Birmingham) 두 함정에서 복무하셨습니다. HMS 뉴캐슬은 정찰 임무, 항공모함 호위, 그리고 유엔군을 위한 해상 포격 지원 임무를 수행했습니다. 1952년 6월, 판문점에서 정전 협상이 비로소 진전을 보이기 시작하던 시기에는, HMS 버밍엄이 순양함 뉴캐슬 및 두 척의 호위함과 함께 북서 해안 인근 섬들에 고립되어 있던 수천 명의 우호적인 한국 민간인들을 대피시키는 미군 상륙정을 지원하였습니다.

결국 1953년 7월, 정전 협정이 체결되었고, 이듬해인 1954년 6월 HMS 버밍엄은 극동 지역에서의 임무를 마치고 본국으로 귀환하였습니다.

할아버지는 수영과 다이빙에 매우 능숙하셨습니다. 저와 제 형제들은 할아버지와 함께 수영을 하며 다이빙과 잠수하는 법을 배우곤 했고, 할아버지는 수영 대회에 출전한 저를 항상 응원해 주셨습니다. 가족 모두가 수영을 즐겼기 때문에, 할아버지는 한 번은 극동 지역에서 수영했던 기억을 들려주신 적이 있었습니다. 함정 전체가 휴식 및 재충전(R&R)을 허락받아 선원들이 바다에 뛰어들어 수영을 즐기던 중, 할아버지는 물속을 내려다보다가 자신 아래에서 유유히 헤엄치는 상어 떼를 발견했다고 말씀하셨습니다.

이와 관련해 저는 제 삼촌인 제이슨(Jason)과도 이야기를 나눈 적이 있었는데, 삼촌은 또 다른 상어와 관련된 일화를 기억하고 있었습니다. 할아버지와 동료 선원들이 조리실에서 커다란 통조림 깡통을 가져와 음식물 쓰레기를 가득 담은 뒤 굵은 케이블에 매달아 바다로 던졌고, 그 결과 엄청난 크기의 상어 한 마리를 배 위로 끌어올릴 수 있었다고 합니다. 갑판 위에 놓인 상어를 보기 위해 모두가 몰려들었는데, 그 상어는 마치 크게 하품하듯 입을 벌렸고, 이를 본 체력 훈련 교관(PTI)이 운동용 곤봉을 들어 상어를 내리쳐 죽였다고 전해집니다.

해군 복무 기간 동안, 할아버지는 HMS 체비엇(Cheviot), HMS 브램블(Bramble), HMS 노섬벌랜드(Northumberland), HMS 불워크(Bulwark), 그리고 HMS 버밍엄(Birmingham) 등 여러 함정에서 근무하셨습니다. 한국전 이후에도 두 차례에 걸쳐 일본 사세보(Sasebo, Japan)를 거점으로 극동 지역에 다시 파병되셨고, 귀국 후에는 북극 해역에서 작전 중이던 기뢰 제거함 HMS 브램블(Bramble에 배치되었습니다.

이후 가족과의 시간을 더욱 소중히 여기기 위해 해군성 참모진으로 전출되었으며, 런던 털스 힐(Tulse Hill)에 위치한 해군 숙소로 배정받았습니다. 그곳에서 할아버지의 둘째 자녀인 캐런(Karen)이 태어났습니다.

할아버지는 총 16년간 영국 해군에 복무하셨습니다. 이 중 처음 4년은 소년 수병으로, 이후 12년은 정규 수병으로 근무하셨습니다. 1964년경 복무를 마치셨으며, 퇴역 당시에는 상급 신호수이자 명사수로 제대한 것으로 알려져 있습니다.

한국 정부는 전쟁 당시 유엔군의 희생과 헌신에 대해 항상 깊은 감사를 표해왔으며, 할아버지는 그 보답으로 한국전쟁 참전 유공 훈장을 소급 수여받으셨습니다. 특히 한 한국 해군 제독은 매년 영국 사우스엔드에 위치한 왕립 해군 협회(Royal Naval Association, RNA)를 방문했는데, 할아버지는 그 제독과 이름을 부를 정도로 가까운 사이가 되셨습니다. 저희 가족은 종종 그 제독이 얼마나 많은 시간을 들여 영국 전역의 작은 해군 협회들을 찾아다녔는지, 그리고 한국전 참전국들에도 그러한 제독들이 파견되었는지를 궁금해하곤 했습니다.

저 역시 운 좋게도, 할아버지와 함께 몇 차례 국가 추모의 날(National Remembrance Day) 퍼레이드에 참가했을 때 그 제독 중 한 분을 직접 뵌 적이 있습니다. 그 분은 단정한 제복 차림에 매우 예의 바르고 인자한 인상이었고, 그 모습은 제 기억 속에 깊이 각인되어 있습니다.

데렉 비드웰(Derek Bidwell)이 제 할아버지셨다는 사실은 제게 언제나 큰 자부심이었으며, 저는 지금도 그분을 마음 깊이 기억하고, 그리워하고 있습니다.

2015년 런던 추모의 날(Remembrance Day)에서의 데렉, 칼리, 해리 비드웰

1990년경, 데렉 비드웰이 생도들에게 비행을 가르치는 모습

비행 중인 데렉 비드웰

미래 세대에게 보내는 메시지

2025년은 한국전쟁 발발 75주년이 되는 해입니다. 이 전쟁은 아직 공식적으로 종결되지 않았으며, 많은 이들에게는 '잊혀진 전쟁(The Forgotten War)'이라 불리기도 합니다. 그러나 그 전쟁을 몸소 겪고, 고통을 견디며, 지금까지도 그 유산과 함께 살아가고 있는 이들에게 한국전쟁은 결코 잊을 수 없는, 생생한 역사입니다.

저에게 있어 제 할아버지는 진정한 영웅이셨으며, 그분의 기억은 저희 가족 안에서 영원히 살아 있을 것입니다. 그리고 평화와 자유를 위해 지구 반대편의 낯선 땅으로 떠났던 수많은 다른 가족들의 할아버지들 역시 모두가 영웅이었습니다. 그들 중 일부는, 도착하기 전까지 이름조차 들어본 적 없던 나라를 위해 자신의 생명을 바쳤습니다.

우리는 그들의 희생이 헛되지 않도록 해야 합니다. 그들의 기억을 기리고, 대한민국의 자유를 지키기 위해 모두가 감당했던 역할을 자랑스럽게 되새겨야 합니다. 오늘날의 활기차고 역동적이며 민주적인 자유대한민국 사회는 바로 그 숭고한 희생 위에 세워졌습니다.

이제 우리 양국이 오랜 세월 이어온 깊은 우정과, 평화를 수호하겠다는 공동의 의지를 함께 기념하며, 그 소중한 결실을 자랑스럽게 되새기기를 바랍니다.

호주 AUSTRALIA

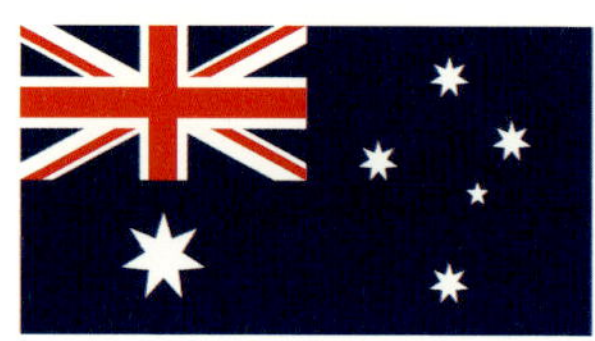

참전 기간	1950년 6월 29일 – 1957년 8월	
총 파병 인원	17,164명	
지상군 구성	보병 대대	2개 대대
	파병 병력	2,282명
해군 구성	총 4척의 함정	
공군 구성	전투기 비행대	1개
	수송기 비행대	1개
유엔군 피해 현황	전사	340명
	부상	1,216명
	포로	30명
	총계	1,586명

한국전쟁 참전 기념비는 경기도 가평군 가평읍 읍내리에 위치해 있습니다.

바다를 넘어온 기억:
나의 큰할아버지를 회고하며

빈스 힐리를 기억하며

글쓴이

올리버 힐리

Vince Healy(빈스 힐리)
병장

Oliver Healy(올리버 힐리)
퀸즐랜드 공과대학교 소속

자기소개

　안녕하세요. 저는 올리버 힐리(Oliver Healy)입니다. 올해 스무 살이며, 호주 퀸즐랜드주(Queensland, Australia) 출신입니다. 저는 퀸즐랜드의 아름다운 풍경 속에서 자라왔습니다. 선샤인 코스트(Sunshine Coast)의 멋진 자연환경과 그레이트 배리어 리프(Great Barrier Reef)의 열대적인 분위기 덕분에 자연을 사랑하게 되었고, 야외에서 보내는 시간을 무척 소중히 여기게 되었습니다. 해변에서의 하루, 하이킹 코스, 별빛 아래 캠핑을 즐길 수 있는 환경 속에서 살아가고 있다는 사실은 제게 큰 행운이라 생각합니다. 퀸즐랜드는 지금의 저를 있게 해 준 고향이며, 이곳을 저의 집이라 자랑스럽게 말할 수 있습니다.

　밖에서 이곳저곳을 탐험하지 않을 때면, 친구들과 어울리거나 음악을 듣고, 퀸즐랜드 곳곳에 있는 훌륭한 음식점 중 한 곳에서 맛있는 식사를 즐기고 있을 것입니다. 저는 현재 퀸즐랜드 공과대학교(Queensland University of Technology)에서 건축학과 2학년에 재학 중이며, 마지막 학년에는 해외에서 공부할 수 있기를 희망하고 있습니다.

　그리고 저는 언제나 새로운 곳을 발견하는 것을 좋아합니다. 그래서 2023년 초, 주호주 한국대사관을 통해 제 가족에게 "다른 나라에서 일주일을 보내보고 싶냐"는 연락이 왔을 때, 저는 망설임 없이 그 기회를 잡았습니다. 한국전쟁에서 싸우다 끝내

올리버 힐리, 크리스 힐리, 파이퍼 힐리 – 가족 사진, 퀸즐랜드, 호주 (2015년)

올리버 힐리와 이사벨라 세테파노 – 가족 모임, 뉴사우스웨일스, 호주 (2025년)

올리버 힐리 – 해변 근처에서 캠핑, 퀸즐랜드, 호주 (2025년)

돌아오지 못한 저의 할아버지 빈스 힐리(Vince Healy)에 대해 되돌아보고 감사할 수 있었던 그 경험은 제 인생에서 절대 잊지 못할 소중한 시간이었습니다.

이번 해외 방문을 통해 평소에는 만나기 어려운 사람들과 새로운 우정을 쌓을 수 있었고, 그 시간 동안 저를 따뜻하게 맞아주시고 돌봐주신 모든 분들께 진심으로 감사드립니다.

저는 긍정, 성장, 그리고 배움을 삶의 중요한 가치로 여깁니다. 아직 젊은 성인으로서 인생의 많은 부분을 탐색해 나가는 중이지만, 그 여정을 있는 그대로 받아들이고 즐기는 법을 배웠습니다. 저는 늘 인생이란 우리가 맺는 관계, 그리고 타인에게 남기는 영향에 관한 것이라고 믿어왔습니다. 새로운 친구를 만나거나, 함께 웃음을 나누거나, 혹은 하나의 프로젝트를 함께 만들어가는 등 어떤 방식이든 우리는 서로에게 의미 있는 무언가를 나눌 수 있습니다. 그리고 제가 느끼기에, 인생에서 가장 깊이 남는 순간들은 대개 가장 단순한 순간들입니다.

다가올 미래가 무척 기대됩니다. 저는 직업적인 면에서도, 개인적인 삶에서도 새로운 기회를 열린 마음으로 맞이하고 있으며, 저와 같은 열정과 꿈을 지닌 사람들을 만나고 싶습니다. 제 목표는 끊임없이 배우고 성장하며, 하루하루를 소중히 여기며 살아가는 것입니다.

올리버 힐리, 일라이다 아심길, 케이숀 린치, 시미온 콘필드 – UN 후손 캠프, 서울, 대한민국 (2023년)

올리버 힐리 – UN 후손 캠프, 유엔기념공원, 부산, 대한민국 (2023년)

호주의 헌신

　호주의 한국 전쟁 참전은 우리 역사에서 중요한 장을 이루었으며, 이는 세계 평화와 안전, 그리고 강력한 국제 협력에 대한 우리의 헌신을 보여주는 상징입니다. 자랑스러운 영연방 일원으로서 호주는 1950년 6월 25일 북한의 침공으로 한반도의 안보가 위협받았을 때 남한을 지원하였습니다. 3년간 이어진 이 분쟁은 수많은 희생을 초래했지만, 동시에 호주가 동맹과 자유, 민주주의의 가치를 굳건히 지켜온 변함없는 헌신을 드러내는 계기가 되었습니다.

　전쟁이 발발했을 때, 호주는 신속하게 군인, 함정, 그리고 공군을 유엔군 지원을 위해 파견했습니다. 1950년부터 1953년 사이에 17,000명 이상의 호주인이 한국에서 복무했으며, 그중 저의 증조부 빈스도 340명의 남녀 군인들과 함께 이 분쟁에서 목숨을 잃었습니다. 우리 군인들의 용기와 희생은 이루 말할 수 없이 숭고했습니다. 호주군은 다른 여러 나라 군과 함께 북한군을 밀어내고 공산주의가 남한으로 확장하는 일을 막는 데 큰 역할을 했습니다. 가평 전투와 같은 전장에서는 호주군의 활약이 두드러졌고, 호주 해군과 공군이 제공한 중요한 지원 또한 유엔 임무의 성공에 결정적인 기여를 하였습니다.

　호주의 기여는 단순한 군사 지원을 넘어서서, 전쟁 내내 남한 국민들에게 인도적

빈센트 힐리, 캐슬린 힐리 – 퀸즐랜드, 호주 (1930년)

빈센트 힐리와 델마 힐리(빈스의 어머니) – 한국 전쟁 참전을 자원하기 전, 퀸즐랜드, 호주

빈센트 힐리 – 퀸즐랜드 주 장대높이뛰기 챔피언 (1948년)

지원을 제공하며 전쟁의 참화 속에서 재건을 도왔습니다. 이러한 헌신은 호주가 오랜 시간 동안 국제적인 차원에서 지켜온 연민과 책임 의식을 잘 보여줍니다. 한국 전쟁 동안 형성된 유대는 호주와 한국 간의 오래도록 지속될 의미 있는 관계의 토대가 되었으며, 상호 존중과 공유된 가치를 기반으로 하고 있습니다.

오늘날까지도 두 나라의 관계는 여전히 굳건합니다. 한국 전쟁 이후 수십 년 동안 호주와 한국은 무역, 문화, 안보, 교육과 같은 다양한 분야에서 소중한 동맹과 파트너로 성장해왔습니다. 한국은 호주의 주요 교역국 중 하나로, 양국은 기술, 에너지, 농업, 국방 등 광범위한 분야에서 협력하고 있습니다. 또한 수천 명의 한국 학생들이 호주에서 공부하고 많은 호주인이 한국을 방문하면서 사람과 사람 간의 교류도 더욱 깊어져 문화적 유대가 한층 강화되고 있습니다.

민주주의, 법치주의, 평화에 대한 헌신 등 우리가 공유하는 가치들은 오늘날에도 우리의 협력을 이끄는 중요한 원칙으로 작용하고 있습니다. 호주와 한국 간의 외교 관계는 여전히 견고하며, 인도태평양 지역의 평화 유지를 포함한 지역 및 글로벌 안보 문제에 대해 지속적으로 협력하고 있습니다. 호주는 유엔군사령부와 같은 동맹뿐만 아니라 동아시아정상회의(East Asia Summit, EAS)와 같은 지역 다자간 포럼을 통해 한국의 안보를 적극적으로 지원해오고 있습니다.

한국 전쟁의 치열한 순간에 형성된 유대는 모든 면에서 지금까지도 이어지고 있습

델마 힐리 – 부산, 대한민국, 빈스의 묘소를 방문 (1961년)

빈센트 힐리 하사 – 제3왕립호주연대(3RAR), 전사 (1951년)

빈센트 J 힐리 – 부산, 대한민국, 유엔기념공원 (2023년)

니다. 1950년대 호주의 한국에 대한 헌신은 단순한 군사 지원을 넘어 올바른 일을 위해 함께 서는 것이었으며, 그 같은 지지와 우정의 정신은 오늘날까지 계속되고 있습니다. 두 나라가 끊임없이 변화하는 세상 속으로 나아가면서, 호주와 한국 간의 동맹은 협력과 존중, 그리고 공유된 가치가 가진 지속적인 힘을 보여주는 증거가 되고 있습니다. 전쟁의 불길 속에서 단단히 다져진 우리의 연결 고리는, 바다를 사이에 두고도 두 나라가 함께 오래도록 의미 있는 관계를 만들어갈 수 있다는 빛나는 본보기가 되었습니다.

할아버지, 빈스 힐리의 이야기

1926년 8월 5일, 호주 브리즈번에서 태어난 빈센트 조셉 힐리(Vincent Joseph Healy)는 아홉 남매 중 장남으로, 힐리 가문의 맏이였습니다. 장남으로서 할아버지는 어머니와 여덟 명의 동생들을 돌보며 어린 나이부터 큰 책임을 감당해야 했습니다. 대학에 다니는 동안에도 그는 다양한 육상 종목에 참가해 운동선수로서 활약했습니다. 스물두 살이던 해, 퀸즐랜드 아마추어 육상대회에서 3.27미터를 기록하며 장대높이뛰기 부문 주 챔피언에 올랐고, 같은 대회 220야드 허들 경기에서는 2위를 차지했습니다. 특히 장대높이뛰기는 독학으로 익혔으며, 집에서 꾸준히 연습해온 끝에 대회에서 우승을 거두는 쾌거를 이루었습니다.

1944년 12월 1일, 할아버지는 호주군에 자원 입대해 제2차 세계대전 종전 이후 복구 활동에 참여했습니다. 이후 하사로 진급한 그는, 1950년 9월 28일 부산에 도착하여 중기관총 소대에 배치되었고, 제3왕립호주연대(3RAR)의 일원으로 한국전쟁에 참전하게 되었습니다. 그리고 정확히 1년 뒤, 24세의 나이로 전장에서 생을 마감하게 됩니다. 당시 할아버지는 부상당한 전우를 안전한 곳으로 옮기는 임무를 수행하던 중, 박격포 파편에 머리를 맞아 현장에서 전사했습니다. 다행히 할아버지가 구하려 했던 병사는 끝내 생존할 수 있었습니다.

할아버지는 평생 살아온 방식 그대로, 사랑하는 사람을 돕고 지키다 생을 마감하셨습니다. 할아버지는 대한민국 부산에 안장되었으며, 한국전쟁에서 목숨을 잃은

340명의 호주군 병사 중 한 분이었습니다. 호주에 남겨진 가족들은 깊은 슬픔에 잠겼고, 그의 어머니 델마 힐리(Delma Healy)는 전쟁이 잠잠해진 뒤 아들의 마지막 안식처를 직접 찾기 위해 먼 한국 땅으로 순례를 떠나기로 결심했습니다.

수십 년이 지난 지금, 저를 포함한 힐리 가문의 후손들 역시 델마가 걸었던 그 길을 따라 한국을 방문해 할아버지의 묘소를 찾아가고, 경건한 마음으로 그를 기려왔습니다. 앞으로도 우리의 자손들이 이 발자취를 이어, 자신들의 조상이 목숨을 바쳐 지켜낸 나라를 직접 보고 기억하길 진심으로 바랍니다.

델마의 부산 여정은 루이즈 에반스(Louise Evans)의 저서 「부산으로 가는 길(Passage to Pusan)」에 자세히 기록되어 있습니다.

미래 세대에게 보내는 메시지

저의 할아버지는 자신의 삶을 성실하게 살아내며, 주변 사람들을 진심으로 아꼈던 분이었습니다. 그것은 의무여서가 아니라, 그저 옳은 일이었기 때문입니다. 저는 그분의 이야기가 여러분에게도 작지만 깊은 울림과 배움으로 남기를 진심으로 바랍니다. 끊임없이 변화하는 세상을 향해 나아가는 일은 때로 두렵고 낯설게 느껴지기도 하지만, 긍정적인 마음가짐으로 마주할 때 삶은 결코 그렇게 무서운 것이 아니라는 사실을 저는 배웠습니다. 안타깝게도 요즘은 옳은 일을 선택하기보다는 자기중심적으로 행동하는 것이 더 쉬운 세상이 되어가고 있습니다. 그럼에도 불구하고, 여러분은 어려운 순간마다 서로를 돕고 함께 살아가기를 바랍니다. 우리는 혼자가 아니며, 누군가를 향한 따뜻한 손길이야말로 가장 큰 용기가 될 수 있습니다.

빈스에게, 당신은 우리 가족 모두에게 큰 영감이 되었고, 주변 사람들을 돕기 위해 헌신해 주신 데 깊이 감사드립니다. 2025년, 지금 이 순간 살아 계셨다면 아흔아홉 번째 생신을 맞으셨겠지요. 할아버지를 직접 뵐 수 있었다면 얼마나 좋았을까, 문득 그런 생각을 해봅니다. 당신의 희생은 한국전쟁에서 전사한 수많은 장병들의 숭고한 뜻과 더불어, 오늘날의 대한민국 그리고 유엔 참전국 모두의 더 나은 미래를 위한 밑거름이 되었습니다. 진심으로 감사드립니다.

네덜란드 NETHERLANDS

참전 기간	1950년 7월 16일 ~ 1955년 1월
총 파병 인원	5,322명
지상군 구성	보병 대대　1개 대대 배치 병력　819명
해군 구성	구축함 1척
유엔군 피해 현황	전사　120명 부상　645명 총계　768명

한국전쟁 참전 기념비는 강원도 횡성군 우천면 우항리에 위치해 있습니다.

나의 아버지, 한국전쟁 참전용사
슈뢰더스 대령의 이야기

린더트 슈뢰더스를 기리며

글쓴이
레오 슈뢰더스

Leendert Schreuders(린더트 슈뢰더스)
대령

Leo Schreuders(레오 슈뢰더스)
한국전쟁참전용사네덜란드협회 (KWVA VOKS)
사무총장

자기소개

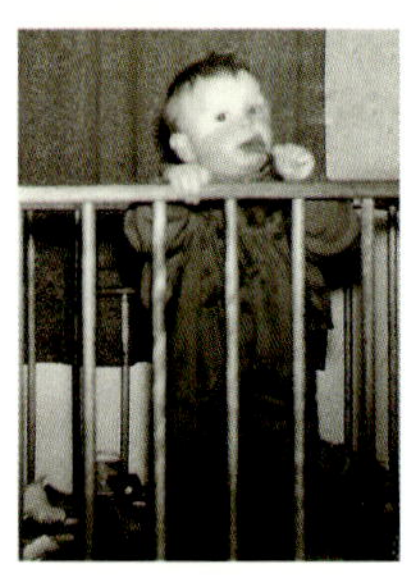

1954년 7월, 제 어린 시절의 사진입니다

저는 1953년 7월 25일, 네덜란드 남부의 베르트(Weert)에서 부모님의 네 번째 자녀로 태어났습니다. 어머니는 영국 분이셨고, 결혼 후에는 아버지와 함께 네덜란드의 도시인 위트레흐트(Utrecht)에 정착하셨습니다.

우리 가족은 여섯 남매로 구성된 대가족이었고, 집안은 늘 화목하고 따뜻한 분위기였습니다. 아버지는 다소 엄격한 분이셨지만, 가족을 향한 사랑은 누구보다 깊으셨고, 아내와 자녀들을 위해서라면 무엇이든 아끼지 않으셨습니다. 군 장교로 복무하시던 아버지는 진급할 때마다 새로운 지역으로 전출되셨고, 그에 따라 저희 가족도 여러 차례 이사를 해야 했습니다.

저는 부모님과 함께 평균 2~3년에 한 번꼴로 이사를 다녔으며, 지금까지 모두 일곱 번의 이사를 경험했습니다. 이사한 지역은 네덜란드 각지를 포함해 독일, 그리고 벨기에 몽스(Mons)에 위치한 유럽 연합군 최고사령부(Supreme Headquarters Allied Powers Europe, SHAPE)까지 다양했습니다. 당시에는 이 같은 잦은 이사가 너무나 자연스럽게 느껴져, 그저 삶의 일부로 받아들였던 기억이 납니다.

2013년도 슈뢰더스 가족

하지만 저는 아버지와는 달리 군인의 길을 걷지는 않았습니다. 초 · 중등 교육을 마친 뒤에는 의무 복무를 위해 공군에 입대했고, 에인트호번(Eindhoven) 공군기지에서 군 복무를 마쳤습니다.

이후 저는 다양한 직업을 거쳐 왔습니다. 교사로 일한 경험도 있으며, 그리스, 튀니지, 스페인, 카리브해 등지에서는 해외 여행 가이드로 활동하기도 했습니다. 이후 운전학원 사업을 직접 운영했고, 네덜란드의 전국 자동차 관련 조직인 BOVAG 소속 운전학원 부서에서 관리자로 근무했습니다. 마지막으로는 네덜란드 운전능력 인증 기관인 CBR(Centraal Bureau Rijvaardigheidsbewijzen)에서 운전면허 시험관으로 일하다가 2019년에 은퇴하였습니다.

1981년 저는 마리앤(Marianne)과 결혼하여 슬하에 두 자녀를 두었습니다. 딸은 헤이그 경찰청 과학수사부(Police Forensic Investigation Department in The Hague)에서 오랜 시간 근무해 왔으며 현재도 그 일을 계속하고 있고, 아들은 왕립 헌병대(Royal Military Police)에서 대위로 재직 중입니다. 저는 아홉 살 된 손녀와 이제 생후 여섯 달 된 막내 손녀, 이렇게 두 손녀를 두고 있습니다.

아버지께서는 1977년, 네덜란드 한국전 참전용사 협회(Korean War Veterans Association of The Netherlands, VOKS)를 설립하셨고, 자연스럽게 저 역시 한국전 참전용사들의 기념식과 재회 행사 준비에 있어 중심적인 역할을 맡게 되었습니다. 아버지께서 고령으로 인해 협회 운영이 어려워지자, 저는 네덜란드 한국전 참전용사 협회(KWVA VOKS)의 사무총장직을 맡게 되었습니다. 이후 매년 열리는 한국 재방문 프로그램을 기획하고, 부산에 위치한 유엔기념묘지에 안장을 희망하는 참전용사들의 장례 절차를 주관해 왔습니다. 또한 회원들을 위한 소식지인 「VOX-V.O.K.S.」를 발간하고, 한국전에 참전했던 아버지나 할아버지에 대해 알고 싶어하는 유족들에게 관련 정보를 제공하는 일도 맡고 있습니다.

이 모든 활동은 주네덜란드 대한민국 대사관, 주한 네덜란드 대사관, 그리고 대한민국 보훈처와 긴밀히 협력하여 이루어졌습니다. 그 결과, 한국의 자유와 민주주의를 위해 기여한 공로를 인정받아 2020년 7월, 저희 네덜란드 한국전 참전용사 협회(KWVA VOKS)는 문재인 대통령으로부터 명예로운 대통령 부대 표창을 수훈하는 영광을 안았습니다.

그리고 2024년 4월, 저는 네덜란드 정부로부터 왕실 훈장인 오라녜–나사우 훈장 (Knight of the Order of Orange–Nassau)을 수훈하게 되었습니다. 이 훈장은 한국 전 참전용사들을 위한 저의 오랜 헌신과 활동에 대한 감사와 인정의 표시였습니다.

네덜란드의 헌신

1950년 6월, 한국전쟁이 발발하자 네덜란드는 자발적으로 한국의 자유와 해방을 지원하기로 결정했습니다. 같은 해 10월 15일, 네덜란드 유엔 파견 부대(NDUN, Netherlands Detachment United Nations)가 창설되었고, 모든 병사들은 반 호이츠 연대(Van Heutsz Regiment) 소속으로 배속되었습니다.

총 4,746명의 네덜란드 육군 및 해군 병사들이 한국의 자유와 평화를 위한 작전에 참여했습니다. 이들이 참전하게 된 동기는 다양했습니다. 공산주의에 맞서 싸우기 위한 이들, 모험을 찾아 떠난 이들, 당시 네덜란드에서 일자리를 찾지 못했던 이들, 그리고 복귀 후 직업군인의 길을 걷고자 했던 이들까지, 각기 다른 사연을 품고 전장에 나섰습니다.

제1진 부대는 1950년 10월 26일, SS 즈위더크루이스(SS Zuiderkruis)호를 타고 출항했으며, 636명의 병사들로 구성되어 있었습니다. 제 아버지도 이 첫 부대에 속해 있었습니다.

네덜란드 참전용사들이 잠들어 있는 부산 유엔기념묘지의 네덜란드 묘역

 한국전쟁 유엔 참전용사 이야기

이들은 한국 도착 직후 곧바로 전선에 투입되어, 지속적인 전투 상황에 놓이며 끊임없이 순찰과 감시 임무를 수행해야 했습니다. 당시 이들이 복무한 환경은 매우 열악했습니다. 겨울은 뼈를 에는 듯한 추위였고, 잦은 비와 열악한 도로 사정은 병사들을 더욱 힘들게 했습니다.

NDVN에는 특수부대 출신의 전직 낙하산병과 특수 돌격대 요원들도 포함되어 있었으며, 지휘관이었던 덴 아우덴 중령(Lt. Col. Den Ouden) 역시 참전하였습니다. 그는 1951년 2월 12일, 횡성 전투 중 전사하였습니다.

한국전쟁 기간 동안 네덜란드는 총 26차례에 걸쳐 추가 병력을 파병하였으며, 마지막 부대는 1954년 12월 네덜란드로 귀환했습니다. 그뿐만 아니라, 네덜란드 해군 역시 미국 제7함대 소속으로 여섯 척의 함정을 파견하여 한국 해역에서 임무를 수행했습니다.

아울러 세 명의 네덜란드 해군 장교가 영국 해군 소속 항공모함의 807비행대대에 배속되어 작전에 참여했습니다. 이들은 1953년 4월 몰타(Malta)를 출항해 5월 17일 일본 사세보(Sasebo, Japan)에 도착했으며, 이후 11월 1일까지 황해 상공에서 호커 시 퓨리 FB.11 단좌 전투기(single-seat fighter Hawker Seafury FB 11)를 이용해 작전을 수행했습니다.

아버지의 모습을 담은 삽화

2015년, 네덜란드에서 아버지와 함께한 사진

1951년 2월, 325고지에서의 슈뢰더스 중위님의 모습

한국전쟁 기간 동안, 네덜란드 유엔 파견 부대(NDUN) 소속으로 복무한 병사 중 총 120명이 전사하거나, 사고 및 질병으로 인해 생을 마감했으며, 일부는 포로로 잡힌 끝에 사망하기도 했습니다.

부산에 위치한 유엔기념공원(UNMCK) 내 네덜란드 구역에는 총 123기의 묘비가 세워져 있습니다. 이 가운데 117기는 전사한 병사들을 위한 것이며, 나머지 6기는 빈 무명묘입니다. 그중 두 기는 시신을 끝내 수습하지 못한 병사들을 위한 상징적인 묘소이며, 나머지 세 기는 실종된 병사들을 기리기 위한 추모의 자리입니다.

이 외에도, 한 병사는 해군 함정 헤이네란드란트마린쉽(Hr.Ms.) 피에드 하인(Piet Hein) 호가 덴헬더 항을 출항하던 중 바다에 추락해 익사했으며, 또 한 명은 로넨(Rhonen) 명예묘지에, 마지막 한 명은 싱가포르의 칸지 전몰묘역(Kanji Field of Honor)에 각각 안장되어 있습니다.

아버지의 이야기

저희 아버지 렌더르트 슈뢰더스(Leendert Schreuders) 대령님은 1923년 10월 25일, 네덜란드 위트레흐트(Utrecht)에서 태어나셨습니다. 세 남매 중 장남으로 자라신 아버지는 고등학교를 졸업한 뒤, 부친이 운영하시던 헤레바르던(Heerewaarden) 마을의 공장에서 일하셨습니다.

제2차 세계대전이 발발하고 독일군이 네덜란드를 침공하자, 아버지는 점령군에 맞서 싸우는 저항 조직(레지스탕스)에 참여하셨습니다. 그러나 안타깝게도 조직 내부의 밀고로 인해 대부분의 구성원이 체포되어 총살당했고, 아버지만이 극적으로 탈출에 성공하여 목숨을 건지셨습니다.

전쟁이 끝난 뒤, 아버지의 오랜 염원은 군인이 되는 것이었습니다. 1947년, 아버지는 네덜란드령 동인도(현 인도네시아)로 파병되는 부대에 자원하셨고, 그에 앞서 영국에서 장교 훈련을 받던 중 미래의 아내가 될 아이린 여사를 만나게 되었습니다.

파병 당시 남수마트라 지역에서 순찰 임무를 수행하던 어느 날, 아버지의 부대는 무장한 인도네시아 독립군의 기습을 받았습니다. 당시 아버지는 권총 한 자루로 용감히 맞서 싸우셨고, 적을 제압해 후퇴하게 만드는 전과를 올리셨습니다. 이 공로로 네덜란드 왕실이 수여하는 훈장 가운데 하나인 청동 사자 훈장(Bronze Lion)을 수훈하셨습니다.

1950년 3월, 슈뢰더스 대령은 네덜란드로 귀환하며 생후 18개월 된 아들을 처음으로 만나게 되었습니다. 아내 아이린 여사는 이제 남편이 가족 곁에 머물기를 바랐지만, 같은 해 6월 한국전쟁이 발발하면서 아버지는 또 한 번, 한국의 자유를 위해 참전하기로 결심하셨습니다.

이 결정은 아내로서는 받아들이기 쉽지 않은 일이었습니다. 남편은 이제 막 아들을 만난 참이었고, 만약 전장에서 목숨을 잃는다면, 남겨진 자신과 아이는 어떻게 살아가야 할지 걱정이 컸기 때문입니다. 그럼에도 불구하고 그녀는 아버지의 뜻을 존중해 주었습니다. 군은 아버지에게 단지 직업 이상의 의미를 지닌 사명이었고, 참전 이후에는 정식 직업군인으로서의 길이 열릴 가능성도 있었기 때문입니다.

1950년 10월 26일, 아버지께서는 생일 다음 날인, 27세가 되신 직후 첫 번째 네덜란드 유엔군 부대의 일원으로 636명의 병사들과 함께 SS 즈위더크루이스(SS Zuiderkruis) 호에 승선해 한국으로 향하셨습니다. 부대는 한국 도착 직후 수원으로 이동하여 삼일학교에서 임시 숙소를 제공받았습니다. 이후 이 학교와 네덜란드 한국전 참전용사 협회(VOKS)는 1980년부터 특별한 유대 관계를 맺기 시작했고, 그 인연은 오늘날까지도 이어지고 있습니다.

소대장으로 복무하시던 아버지는 전쟁 중 수차례 죽음을 가까스로 피하신 경험이 있으셨습니다. 어느 날 간이 참호에서 잠시 눈을 붙이고 계시던 중 본부 호출을 받고 자리를 비우셨는데, 그 사이 수류탄이 참호 안으로 떨어져 침낭을 꿰뚫고 말았습니다.

또 다른 기억은 325고지에서의 작전입니다. 적군이 동굴 안에 있다는 보고를 받고 수류탄을 투척하라는 명령을 받으셨지만, 아버지는 명령에 앞서 직접 현장을 확인하러 갔습니다. 그 결과, 그 안에 있던 이들은 적군이 아니라 노인과 여성, 아이들이었습니다. 아버지의 판단 덕분에 무고한 희생을 막을 수 있었습니다.

1951년 2월 12일, 아버지는 횡성 지역의 작전에 투입되셨습니다. 당시 지휘관이던 덴 오우덴 중령(Lt. Col. Den Ouden)은 아버지와 소대를 325고지로 보내셨고, 이후 횡성 일대에는 중공군의 대대적인 공격이 시작되었습니다. 이 전투에서 네덜란드군

17명이 전사했고, 덴 오우덴 중령 또한 전사하셨습니다. 아버지는 이 작전에서도 기적적으로 생존하셨습니다.

같은 공격에서 9명의 네덜란드 병사들이 325고지에서 전사하였고, 아버지의 바로 인근에 포탄이 떨어졌으나, 아버지는 또다시 살아남으셨습니다.

1951년 10월, 아버지는 네덜란드로 귀환하셨고, 이후 직업 군인으로서의 길을 이어가시며 대령으로 전역하셨습니다.

아버지께서는 한국전쟁에 대한 이야기를 가족 안에서는 거의 하지 않으셨습니다. 참전 경험에 대해 가족과 나누는 일이 드물었고, 이는 많은 네덜란드 한국전 참전 용사들도 마찬가지였습니다. 그래서 아버지는 전우였던 탁 장군과 함께 1977년 네덜란드 한국전 참전용사 협회(VOKS) 를 창립하셨습니다.

이 협회를 통해 참전 용사들은 서로의 경험을 나눌 수 있었고, 아버지는 전역 후에도 오랜 세월 동안 한국전 참전 용사들을 위해 헌신하셨습니다. 그 공로를 인정받아 2010년 협회 임원직에서 은퇴하실 때, 네덜란드군 최고 훈격의 훈장인 '금장 영예장(Gold Badge of Honour)' 을 수훈하셨고, 이 훈장은 당시 육군 부사령관이던 데 크뤼이프 소장(Maj. Gen. De Kruif) 으로부터 수여되었습니다.

어머니는 2013년 먼저 세상을 떠나셨고, 아버지도 2017년, 어머니의 뒤를 따라 영면에 드셨습니다. 두 분 모두 유언에 따라 화장되셨으며, 여섯 자녀가 함께 북해 바다 위에서 유해를 뿌렸습니다. 영국과 네덜란드를 잇는 이 바다는, 두 분의 출신지를 상징적으로 연결하는 장소였습니다.

미래 세대에게 보내는 메시지

멀고 낯선 나라에서, 수많은 이들이 남녀를 불문하고 평온했던 일상을 뒤로한 채 몸을 던졌습니다. 그들은 생명을 위협하는 전장 속에서 영웅적인 행동을 보여주었고, 그 숭고한 희생은 오늘의 자유를 가능케 했습니다.

저 또한 두 차례 한국을 방문하며, 한국전쟁 참전용사들을 기억하고 기리는 한국 국민들의 깊은 존경과 진심 어린 환대를 몸소 경험할 수 있었습니다. 한국에서는 외국인 참전용사들이 나이가 많든 적든, 단지 '참전용사'라는 이유만으로 온 국민에게서 따뜻한 악수와 포옹, 그리고 감사의 인사를 받습니다. 어르신들뿐만 아니라, 그들의 자녀와 손주 세대에 이르기까지, 참전용사들에 대한 존경과 사랑은 세대를 넘어 이어지고 있었습니다.

이렇듯, 참전용사들의 용기와 희생은 한국 사회 곳곳에 살아 숨 쉬고 있으며, 그 기억은 단지 과거에 머무르지 않고 현재와 미래를 향해 나아가고 있습니다.

그러나 안타깝게도, 저희 네덜란드에서는 한국전쟁이 종종 '잊혀진 전쟁'이라 불리며, 역사 교과서에서도 거의 다뤄지지 않고, 사회적인 관심 역시 매우 부족한 것이 현실입니다. 그로 인해 한국전쟁에 참전했던 네덜란드 용사들은 큰 상실감과 외로움을 감내해야 했습니다. 분명 그들은 대한민국의 자유를 위해 헌신했던 영웅들이었음에도 말입니다.

이 글을 통해 저는 오늘의 세대는 물론, 다가올 다음 세대들에게도 간절히 전하고 싶습니다.

평화는 결코 저절로 주어지는 것이 아닙니다. 그것은 누군가의 치열한 희생과, 또 다른 누군가의 끊임없는 수호를 통해서만 지켜질 수 있는 것입니다. 오늘날의 세계는, 이 단순하지만 본질적인 진리를 더욱 분명히 일깨워주고 있습니다. 우리가 억압에 맞서고 평화를 향한 노력을 멈추지 않는다면, 결국엔 새로운 길이 열릴 것이라 저는 믿습니다.

대한민국의 자유를 위해 싸웠던 모든 이들에게 진심으로 감사의 마음을 전합니다. 그분들의 이야기가 결코 다시는 잊히지 않도록, 그 숭고한 정신을 우리 세대가 기억하고 다음 세대로 이어나가는 책임이 바로 우리에게 있습니다.

2010년, 슈뢰더스 대령께서 금장 영예장(Gold Badge of Honour) 수훈하시는 모습.

캐나다 CANADA

참전 기간	1950년 7월 25일 – 1957년 6월
총 파병 인원	26,791명
지상군 구성	보병 여단 1개 파병 병력 6,164명
해군 구성	구축함 3척
공군 구성	수송 항공 부대 1개
유엔군 피해 현황	전사 516명 부상 1,212명 실종 1명 포로 32명 총계 1,761명

한국전쟁 참전 기념비는 경기도 가평군 북면 이곡리에 위치해 있습니다.

세대를 잇다:
한 캐나다 참전용사의 이야기와 한국의 변치 않는 존경

버나드 코트를 기억하며

글쓴이

레이첼 코트

Bernard Cote(버나드 코트)
상병

Rachel Cote(레이첼 코트)
윈저 대학교

자기소개

2024년 평화 캠프 UN 평화 대사

　어릴 적, 할아버지께서는 한국에서의 경험에 대해 이야기하는 것을 무척 꺼려하셨습니다. 그 시절은 할아버지께 너무도 고통스러운 시간이었기에, 전쟁에 관한 이야기는 좀처럼 꺼내시지 않았지요. 대신 저는, 할아버지 댁 이곳저곳을 돌아다니며 한국에 대해 조금씩 배워나갔습니다. 할아버지께서는 한국이라는 나라를 매우 자랑스럽게 여기셨습니다. 전쟁터에서 돌아온 순간부터 돌아가시는 날까지, 늘 뒷마당에는 자랑스럽게 꽂힌 태극기가 펄럭이고 있었고, 집 안 곳곳에는 전쟁 당시의 사진과 훈장, 지도, 비무장지대에서 가져온 철조망 조각 같은 기념품들이 전시되어 있었습니다. 그 공간에서 자란 덕분에 저는 어릴 적부터 우리 가족이 한국과 특별한 인연을 맺고 있다는 사실을 자연스럽게 알게 되었습니다. 다만 그 의미를 온전히 이해한 것은, 훨씬 나중의 일이었습니다.

　제가 아홉 살이 되던 해, 한국 국가보훈처의 소개로 한국에 사는 또래 친구와 편지를 주고받게 되었습니다. 우리는 몇 주 간격으로 서로에게 손편지와 작은 선물을 보내며 따뜻한 교류를 이어갔습니다. 저는 지금까지도 그 친구가 보내준 작은 장난감들을 모두 소중히 간직하고 있으며, 가끔씩 그 시절의 친구를 떠올리곤 합니다. 이 경험은 캐나다 청소년으로서 한국과 아주 특별한 방식으로 연결될 수 있었던, 참으로 귀한 시간이었습니다.

2024년 경복궁에서

2024년 UN 평화 대사를 대표하여 국가보훈처 이희완 차관과 함께

세월이 흐르면서 할아버지께서도 점차 마음을 열어주시고, 한국전쟁에 관한 이야기를 들려주셨습니다. 저는 할아버지를 통해 한국에 대해 배우는 시간이 정말 행복했고, 무엇보다 소중한 기억은 할아버지와 함께 거실에 앉아 예전 사진첩을 넘기고, 그 시절의 물건들을 하나하나 살펴보며 들려주시던 이야기들이었습니다. 할아버지는 전쟁에 대해서는 조심스러워하셨지만, 한국이라는 나라를 이야기하실 때면 언제나 얼굴에 기쁨이 가득하셨습니다. 그 모습이 저에게 깊은 인상을 남겼고, 저 역시 자연스럽게 한국 문화에 관심을 갖게 되었습니다. 한국 드라마와 K-팝을 즐겨보기 시작했고, 더 깊이 알고 싶다는 마음에 한국어 수업까지 듣게 되었습니다.

그러던 중, 할아버지를 통해 한국에서 열리는 국가보훈처 주관 평화캠프(MPVA Peace Camp)에 참가할 수 있는 기회를 얻게 되었습니다. 이 경험은 제 인생의 전환점이 되었습니다. 한국을 직접 방문했을 때, 불과 72년 만에 이룩된 눈부신 발전에 놀라움을 금치 못했고, 그 과정 속에 한국 국민이 보여준 의지와 열정에 깊은 존경심을 느꼈습니다. 캠프 기간 동안 저는 할아버지께서 생전에 계셨던 장소들을 직접 찾아가 보았고, 저처럼 유엔 참전용사의 후손으로 전 세계에서 모인 친구들과 평생 잊지 못할 인연도 맺을 수 있었습니다.

그 경험 이후로 저는 결심했습니다. 한국에서 학업을 이어가며, 참전용사들의 희생과 헌신에 보답하는 그런 삶을 살고 싶다는 결심이 섰습니다. 그것이 제가 받은 감사와 기억을 다음 세대로 이어가는 길이라 믿습니다.

캐나다와 한국전쟁

1950년 한국전쟁이 발발했을 때, 캐나다 군대는 중대한 선택의 기로에 놓였습니다. 전쟁을 먼 발치에서 지켜볼 것인가, 아니면 직접 참전하여 운명을 함께할 것인가를 결정해야 했습니다. 26,000명이 넘는 캐나다인들이 그 부름에 응답하였고, 수천 마일 떨어진 낯설고 혹독한 땅에서 당시 많은 이들이 그 의미를 완전히 이해하지 못한 채 전쟁에 임했습니다.

그중에서도 2대대 프린세스 패트리샤 캐나다 경보병대(2nd Battalion Princess

Patricia's Canadian Light Infantry, 2 PPCLI) 병사들에게 이 전쟁은 단순한 파병이 아니었습니다. 이는 순수한 의지와 용기, 그리고 형제애를 시험하는 무대였으며, 그들의 이름을 영원히 역사에 새기는 순간이었습니다.

1951년 4월, 압도적인 수적 우세를 자랑하는 중공군의 공격에 맞서 치열한 사투를 벌였던 가평 전투만큼 그들의 용기를 보여준 사건은 드물었습니다. 불과 700명의 캐나다 병사들이 5,000명이 넘는 중공군을 상대로, 거의 7대 1에 달하는 수적 열세에도 불구하고 677고지에 굳건히 진지를 구축했습니다. 그들은 만약 이 고지가 함락된다면, 서울로 향하는 길이 적군에게 완전히 개방된다는 사실을 잘 알고 있었습니다.

사흘 밤낮으로 이어진 전투 동안, 굶주림과 극심한 피로에 시달리면서도 병사들은 단 하나의 결의로 그 자리를 지켰습니다. 거의 불가능에 가까운 상황 속에서도 2 PPCLI는 결코 후퇴하지 않았고, 그들의 끈질긴 저항은 적의 진격을 멈추게 했으며 수많은 생명을 구하는 데 기여했습니다.

그 결과, 이들은 미국 대통령 부대 표창(Presidential Unit Citation)을 수여받았

버나드 코트 (오른쪽), 1950년 전선에서 포병을 설치하며 사진에서 자신을 가리키는 화살표를 그린 모습.

1950년, 제2프린세스 패트리샤 경보병 연대 D중대, 상병 버나드 코트 (가운데 줄 왼쪽에서 세 번째)

1951년 4월 25일, 가평 전투 다음 날. 캐나다 병사들이 677 바위 능선에서 수적으로 압도적이었던 적군을 막아낸 모습. 버나드 코드 (가운데 뒤, 담배 피우는 모습)

1951년 부산에서의 버나드 코트 (오른쪽)

버나드 코드 (오른쪽), 부산 프린세스 패트리샤 경보병 연대 기지 캠프

한국전쟁 유엔 참전용사 이야기

으며, 이는 미군이 아닌 부대에게 매우 드문, 특별한 영예였습니다. 역사상 이 훈장을 받은 비미군 부대는 오직 프린세스 패트리샤 대대뿐이었습니다.

그러나 그 대가는 매우 컸습니다. 많은 이들이 고국으로 돌아오지 못했으며, 살아남은 이들 역시 전장에서 목격하고 겪은 참혹한 기억을 평생 안고 살아가야 했습니다.

할아버지의 이야기와 기억들

1950년, 오늘날과는 달리 한국은 전 세계에 거의 알려지지 않은 나라였습니다. 전쟁으로 폐허가 된 땅에는 공포와 슬픔만이 가득했습니다. 제 할아버지가 한국에 도착했을 당시의 모습은 그에게 큰 충격이었으며, 평생 잊히지 않는 기억으로 남았습니다. 그는 그때의 광경을 자주 이야기하셨습니다. 한국에 도착했을 때, 눈을 의심할 만큼 아무것도 남아 있지 않았고, 모든 것이 파괴된 채 가족을 잃고 떠도는 피란민들, 어린 아이들마저 잿더미 속을 걷는 모습이 아직도 생생하게 기억된다고 하셨습니다.

젊은 이등병이었던 할아버지에게 그 현실은 너무나도 충격적이고 이해하기 어려운 광경이었습니다.

가평 전투가 벌어지던 그날 밤, 할아버지의 소대는 다른 지역에서 전투를 마치고 막 복귀한 참이었습니다. 그들은 휴식을 기대했으나, 곧 677고지로 이동하라는 명령을 받았습니다. 며칠째 제대로 잠을 자지도, 음식을 먹지도 못한 채 젖은 옷을 입고 얼어붙은 병사들은 극도의 피로 속에서도 다시 전장으로 향해야만 했습니다.

가평으로 향하는 행군 내내, 말없이 불안감만이 가득했습니다. 산을 오르며 할아버지는 여기저기 흩어진 쓰러진 시신을 피해 걸었고,

2014년, 프린세스 패트리샤 경보병 연대에서 함께 싸우다 21세의 젊은 나이에 전사한 동료의 묘지를 방문하는 버나드 코트의 모습

2014년, 버나드 코트가 손자 제이콥 코트와 함께 한국 다시 방문 해, 여행 중인 모습

가능한 한 많은 인식표를 주워 모으려 애썼다고 전해 들었습니다.

전투가 시작되자 3일 밤낮 동안 총성과 폭격, 포탄 소리가 하늘과 땅을 뒤흔들었으며, 그 혼돈은 상상조차 어려운 참혹한 것이었습니다.

전투가 끝난 뒤, 할아버지가 가장 선명하게 기억하는 순간은 677고지에서 철수한 직후 받은 담요와 뜨거운 닭죽 한 그릇이었습니다. 그토록 오랫동안 굶주리고 정신적으로도 지친 병사들에게 닭죽은 유일하게 먹을 수 있는 음식이었습니다.

그날 이후, 할아버지는 캐나다로 돌아가서도 거의 매일 아침 식사로 닭죽을 드실 만큼 이 음식에 특별한 의미를 두셨습니다. 닭죽은 이후 저희 아버지뿐 아니라 저에게도 자연스러운 아침 식사가 되었고, 할아버지께서 그 사연을 들려주시기 전까지는 왜 가족 모두가 늘 닭죽을 먹는지 아무도 정확히 알지 못했습니다.

오늘의 할아버지

아직까지도 그 이야기를 꺼내기가 쉽지 않지만, 저의 사랑하는 할아버지께서는 2023년 9월, 향년 94세로 세상을 떠나셨습니다. 그는 생존한 마지막 캐나다 참전용사 중 한 분이었으며, 전 생애를 한국전쟁과 그 의미에 바쳐 오셨습니다. 한국전쟁은 단순한 전쟁이 아니었고, 그 상흔은 평생 그와 함께 했으며, 전우들의 희생을 결코 잊지 않으셨습니다.

그는 매년 한국을 찾아 전우들의 묘역에 헌화하며 깊은 경의를 표하였고, 고통 속에서도 한국과 한국인에 대한 사랑은 결코 식지 않았습니다. 외상 후 스트레스 장애(PTSD)를 앓으면서도 그는 이렇게 말씀하신 적이 있습니다. "그 모든 두려움과 고통, 긴장을 다 알고 있었다 해도, 다시 그때로 돌아간다면, 망설임 없이 내가 행했던 모든 것을 똑같이 했을 거란다."

할아버지는 한국과 오타와에 세워진 캐나다 참전용사 기념비 건립을 위해 수천 달러를 기부하며, 그들의 희생이 영원히 기억될 수 있도록 힘쓰셨습니다. 또한 학생들과 만나 한국과 전쟁에 관한 이야기를 나누는 것을 즐기셨고, 추모식과 평화 관련 행사에도 빠짐없이 참석하셨습니다.

말년에 암으로 고통받으셨지만, 그의 마음은 한결같이 단단했습니다. 할아버지께서 세상을 떠난 후, 그를 기리는 여러 행사가 이어졌으며, 모두가 매우 특별한 시간이었습니다. 할아버지께서 한국을 향한 사랑만큼이나, 한국 또한 할아버지를 따뜻하게 기억하고 있습니다.

미래 세대에게 전하는 메시지

우리보다 앞선 세대의 희생은 결코 대가 없이 이루어진 것이 아니었습니다. 한국전쟁에 참전한 모든 용사들은 우리에게 더 나은 미래를 남겨주기 위해 자신의 미래를 내어준 분들입니다. 저의 할아버지와 그의 전우들은 명예나 보상을 바라서가 아니라, 자유와 인내, 그리고 연대라는 숭고한 가치를 지키기 위해 전선에 섰습니다. 그들은 상상하기조차 어려운 고통을 견디며 우리의 평화를 위해 기꺼이 희생을 선택했습니다.

미래 세대 여러분께 당부드립니다. 그들의 희생을 결코 잊지 말아 주십시오. 그들이 남긴 역사와 유산을 기억하고 전하는 책임은 우리 모두에게 있습니다. 72년이 흐른 지금, 서울의 눈부신 현대적 모습과 활기찬 경제를 마주할 때마다, 그 모든 것이 먼 옛날 피로 물들었던 언덕 위에서 누군가의 희생이 있었기에 가능했음을 잊지 말아 주십시오.

과거를 결코 잊지 않고 온전히 품으며, 그들의 희생에 부끄럽지 않은 미래를 함께 만들어 가기를 간절히 바랍니다.

2023년 9월, 버나드 코트의 별세를 기리며 유엔기념공원 있는 캐나다 참전기념비에 놓인 꽃들

2022년, 버나드 코트가 손녀 레이첼 코트와 함께 캐나다 온타리오 윈저의 추모의 날 기념식에 참석한 모습

뉴질랜드 NEW ZEALAND

참전 기간	1950년 8월 1일 ~ 1957년 7월 27일
총 파병 인원	5,322명
지상군 구성	보병 대대 1개 대대 병력 819명
해군 구성	호위함 1척
유엔군 피해 현황	전사 125명 부상 645명 포로 3명 총계 773명

한국전쟁 참전 기념비는 경기도 가평군 북면 목동리에 위치해 있습니다.

용기의 메아리
한국전쟁, 그 안에 담긴 할아버지의 발자취

트레버 린치를 기리며

글쓴이

케이션 알 린치

Trevor Lynch(트레버 린치)
제16 야전연대 병사

Keishon R. Lynch(케이션 알 린치)
오타고 대학교

자기소개: 손자의 시선에서 전하는 이야기

대학교 졸업식, 더니든
뉴질랜드에서 (2023)

안녕하세요. 제 이름은 케이션 린치(Keishon Lynch)입니다. 이렇게 제 할아버지의 이야기를 나눌 수 있게 되어 매우 영광스럽고 기쁩니다. 저는 평소 역사와 국제 정치, 그리고 전쟁이 남긴 유산에 깊은 관심을 가져 왔습니다. 어릴 적부터 할아버지께서 한국전쟁에 참전하셨다는 사실은 알고 있었지만, 국제 정치와 전쟁 이론을 본격적으로 공부하기 전까지는 그분의 희생과 경험이 지닌 진정한 의미를 깊이 이해하지 못했습니다.

저는 뉴질랜드 오타고 대학교(University of Otago)에서 경영학 학사 학위를 받았으며, 이후 국제 정치 분야의 대학원 과정을 수료했습니다. 오랜 기간 국제 안보와 외교 정책을 연구하며, 갈등이 한 국가에 미치는 영향과 더불어 할아버지와 같은 참전 용사들이 현재 우리가 누리는 자유와 기회를 어떻게 지켜냈는지를 더욱 잘 이해하게 되었습니다. 할아버지의 희생이 없었다면, 오늘의 저는 전혀 다른 삶을 살고 있었을 것입니다. 그분의 이야기는 지금도 제 삶에 큰 영감을 주고 있습니다.

부산 유엔기념공원 방문 (2023)

이러한 마음을 품고 저는 대한민국 국가보훈처와 유엔 청년평화사절단 소속으로 두 차례 한국을 방문해 뉴질랜드 대표로 활동하며, 한국전쟁 참전 유족들과 함께 평화와 우정을 다지는 뜻깊은 시간을 보냈습니다. 그곳에서 저는 할아버지께서 지켜낸 한국이 이루어낸 놀라운 발전을 직접 보고 느낄 수 있었습니다.

공부와 여행, 그리고 보훈 관련 활동을 통해 저는 할아버지와 같은 분들의 이야기가 결코 잊히지 않도록 힘쓰고 있습니다. 할아버지의 이야기는 제가 앞으로 외교와 평화 유지를 위한 길을 걸어가고자 하는 이유이기도 합니다.

한국전쟁에 대한 뉴질랜드의 헌신

뉴질랜드는 한국전쟁 당시 유엔 연합군의 일원으로서 국제 안보에 대한 확고한 의지를 보여주었습니다. 1950년 6월 25일 북한의 남한 침공이 시작되자, 뉴질랜드는 세계에서 가장 신속히 반응한 국가 중 하나였습니다. 유엔의 요청에 따라 해군 함정 6척과 지상 병력을 파병하며 자유 수호에 동참하였습니다.

그중 가장 중요한 전투 중 하나는 1951년 4월에 벌어진 가평 전투였습니다. 이 전투는 전세를 뒤바꾸는 중대한 전환점이었는데, 당시 중공군은 대규모 공세를 펼쳐

2023년, 국제형사재판소 전 소장이자 유니세프 한국위원회 회장이신 송상현 판사님을 만났습니다

2024년, 서울 한국전쟁기념관을 방문

서울을 향해 진격하고자 했습니다. 바로 이때, 제 할아버지 트레버 린치가 소속된 뉴질랜드 제16야전포병연대가 전선에서 남한의 방어선을 굳건히 지키며 방어선이 무너지지 않도록 결정적인 역할을 수행하였습니다.

이 부대는 오스트레일리아 왕립 연대 제3대대(3rd Battalion, Royal Australian Regiment), 캐나다 프린세스 패트리샤 경보병 연대 제2대대(2nd Battalion, Princess Patricia's Canadian Light Infantry)와 함께 전투에 참여하였습니다. 압도적인 병력으로 밀고 들어오는 중공군을 상대로 제16야전포병연대는 끊임없는 포격을 퍼부으며 적의 진격을 효과적으로 지연시키고 돌파를 저지하였습니다. 이러한 정밀하고 집요한 포격은 가평 방어에 있어 결정적인 요소였으며, 결국 중공군은 큰 피해를 입고 퇴각할 수밖에 없었습니다.

이 전투에 참여한 부대들은, 제16야전포병연대를 포함하여, 이후 미국 대통령 부대 표창(Presidential Unit Citation)을 수여받았습니다. 이는 매우 드물고 영예로운 훈장으로서, 뛰어난 영웅적 행위를 인정받은 결과입니다. 가평 전투에서 이 연대가 수행한 역할은 수많은 생명을 구했을 뿐만 아니라, 뉴질랜드가 세계 군사 작전에서 신뢰받고 유능한 동맹국임을 확고히 하는 데에도 크게 기여하였습니다.

1953년 휴전이 이루어졌음에도 뉴질랜드 병사들은 평화 유지 임무를 수행하기 위해 전후에도 한국에 남았습니다. 할아버지 역시 1957년까지 머무르며 안정화와 재건 활동에 참여하셨습니다. 이는 그분의 깊은 헌신을 보여주는 동시에, 뉴질랜드가 단

가평 전투 중 전투에 임하고 있는 제16 야전포병연대 © 뉴질랜드 웰링턴, 알렉산더 턴불 도서관. 자료번호: K-0976-F

카이포스 부대, 1950년 12월 10일 SS 오몬드 병력 수송선을 타고 웰링턴에서 출항 © 뉴질랜드 웰링턴, 알렉산더 턴불 도서관. 자료번호: K-0123-F

순한 전투 참여를 넘어 지속적인 평화를 위한 책임을 다했다는 증거이기도 합니다.

할아버지와 그 동료들이 보여준 용기와 희생은 오늘날까지 뉴질랜드의 자랑스러운 유산으로 남아 있으며, 자유를 지키는 데 있어 뉴질랜드가 보여준 굳건한 의지를 다시 한 번 상기시켜줍니다.

트레버 린치 할아버지의 한국전쟁 여정

1950년 한국전쟁이 발발하자, 뉴질랜드는 '케이포스(Kayforce)'라는 이름으로 제16야전포병연대와 지원 부대를 구성하여 유엔의 요청에 응답하였습니다. 정부는 1,000명을 모집할 계획이었으나, 첫 달에만 6,000명이 자원할 만큼 국민들의 참여 열기는 뜨거웠습니다. 당시 뉴질랜드 최대 신문사에서 경리 보조로 일하던 제 할아버지 트레버 린치(Trevor Lynch)도 그중 한 사람이었습니다. 제1차 세계대전에 참전한 아버지와 제2차 세계대전에 참전한 두 형(그중 한 명은 전사)을 보며 자란 할아버지는 자신 역시 그 길을 따라야 한다고 느끼셨다고 합니다.

할아버지는 뉴질랜드 제16야전포병연대에 배치되어 12주간의 훈련을 마친 후, 1950년 12월 10일 웰링턴을 떠났습니다. 부대는 같은 해 12월 31일 부산에 도착했으

할아버지가 속한 연대의 전투 모습 (1951)

2023년, 한국 참전 용사 모든 후손을 대표하여 박민식 의원님께 드리는 말씀

며, 처음에는 단기 파병으로 생각했으나 결과적으로 7년간 한국에 머무르며 뉴질랜드 참전군인 중 가장 오랜 기간 복무하게 되었습니다.

할아버지께서는 뉴질랜드에서는 경험하지 못한 한국의 혹독한 추위와 전쟁 속 민간인의 고통을 자주 이야기하셨습니다. 부대는 곧 38선 북쪽으로 이동하였고, 북한 게릴라들의 위협 속에서 긴장을 늦출 수 없었습니다.

그중 가장 치열했던 전투는 1951년 4월 22일부터 25일까지 벌어진 가평 전투였습니다. 이 전쟁은 뉴질랜드, 호주, 캐나다를 포함한 영연방 군인들에게 엄청난 시험이었으며, 이들은 거대한 중공군의 공세를 막아내기 위해 목숨을 걸고 싸워야만 했습니다. 할아버지는 당시 48시간 동안 단 한숨도 자지 못하고, 중공군이 뚫고 들어오지 않을까 하는 긴장의 끈을 놓지 못했다고 전하셨습니다. 연합군은 수적으로 열세였으나 끝까지 진지를 사수하였고, 결국 가평을 성공적으로 방어해냈습니다. 그 용기와 희생은 훗날 대한민국 정부로부터 '대통령 부대 표창'이라는 값진 영예로 이어졌습니다.

할아버지가 가장 힘들게 기억하셨던 순간 중 하나는 포격 속에서 가까스로 살아남은 일이었습니다. 적의 포탄 대부분이 할아버지 부대를 지나 옆 계곡으로 떨어지면서 기적적으로 생존할 수 있었으나, 그곳에 있던 미군 부대는 큰 피해를 입었습니다. 그날 목격한 참혹한 광경은 평생 할아버지의 기억 속에 남아 있었습니다.

전쟁 후반기에는 부상을 입고 입원하셨다가, 복귀 후에는 준위로 진급하여 부산 연대 본부로 전출되셨습니다. 1953년 휴전 이후에도 한국에 남아 평화 유지와 재건 활동에 참여하셨으며, 1954년에는 일본 구레시에 위치한 케이포스 본부로 전속되셨습니다.

이 시기에 부산에서 쓰루코(Tsuruko) 할머니를 만나셨고, 할아버지가 일본으로 전속되었을 때 함께 일본으로 가셨습니다. 두 분은 1955년에 결혼하였고, 1956년 12월 첫 아이를 낳으셨습니다. 이후 1957년 뉴질랜드로 귀국하셨고, 아내와 딸도 곧 뒤따라왔습니다.

귀국 후에도 할아버지와 한국과의 인연은 계속되었습니다. 그 후 25년이 넘는 세월 동안 해마다 한국을 방문하였고, 참전용사 협회 회장으로서 재외 한국인과의 교류, 정부 관계자와의 협력, 장학 사업 등을 통해 한국과 뉴질랜드의 우호 관계를 꾸준히 증진시켰습니다.

또한 매 방문 시마다 가평 전투 기념비를 찾는 일을 빼놓지 않으셨으며, 가평 지역 고등학생들을 위한 장학금도 기부하셨습니다. 세 자녀 모두가 한국을 직접 방문할 수 있도록 하여, 할아버지가 품었던 한국에 대한 깊은 존중과 사랑을 가족에게 전해 주셨습니다. 그리고 지금은 저를 포함한 손자들이 그 뜻을 이어받아, 할아버지의 발자취를 기억하고 있습니다.

할아버지는 여러 훈장을 수여받으셨습니다:

한국전쟁 참전용사,
트레버 린치

- 한국 참전기념 훈장(Korea Medal (EIIR))
- 유엔 한국 참전 메달 (United Nations Medal for Korea)
- 뉴질랜드 해외복무훈장
  (New Zealand Operational Service Medal)
- 대한민국 대통령 부대표창
  (Presidential Unit Citation (South Korea))

"수많은 훌륭한 사람들이 좋은 목적을 위해 희생되었고, 한국의 발전을 볼 때마다 자랑스럽다(Many good men dies for a good cause, and every time I see Korea's progress, I feel proud)." 이 말씀은 할아버지께서 자주 하시던 말씀이었습니다.

2009년, 할아버지는 세상을 떠나셨지만, 한국에 대한 그 마음은 끝내 변함이 없으셨습니다. 전쟁의 참혹함과 한국의 회복을 모두 직접 겪으신 분으로서, 진정한 평화의 의미를 몸소 살아내신 분이셨습니다. 그 헌신은 지금도 저희 가족을 통해 살아 숨 쉬고 있습니다.

미래 세대에게 보내는 메시지: 한국전쟁이 남긴 교훈

한국전쟁은 종종 '잊혀진 전쟁(Forgotten War)'이라 불리지만, 그 여파는 지금도 세계 곳곳에 깊은 영향을 미치고 있습니다. 앞으로 이 세상을 이끌어갈 세대들에게 이 전쟁은 단순한 과거가 아니라, 국제 협력의 중요성과 평화의 소중함을 일깨워주는 귀중한 교훈이 되어야 합니다. 제 할아버지 트레버 린치와 16야전포병연대 동료들의 희생은 단지 남한을 지킨 것을 넘어, 민주주의 가치를 수호하고 무고한 생명을 보호하며 세계 질서의 안정을 위한 싸움이었습니다.

한반도는 이 전쟁으로 깊은 상처를 입었고, 수많은 가족이 갈라졌으며, 도시들은 폐허가 되었습니다. 그러나 한국은 놀라운 회복력과 굳은 의지로 번영의 길을 걸어왔습니다. 이 놀라운 성장은 미래를 포기하지 않았던 이들의 의지가 얼마나 큰 힘을 발휘할 수 있는지를 보여주는 증거입니다.

또한, 여전히 분단된 한반도에 진정한 평화를 이루기 위한 외교적 노력이 앞으로도 계속되어야 함을 우리에게 상기시켜 줍니다.

젊은 세대에게 한국전쟁은 단순한 과거가 아닌, 반드시 되새겨야 할 소중한 교훈을 전합니다. 역사를 기억하는 일이 왜 중요한지, 단순히 참전용사를 기리기 위함이

할아버지께서 돌아가시기 얼마 전, 제게 남겨주신 편지 - 자신의 여정을 들려주시며 (2008년)

한강 기념비 제막식 - 평화와 번영을 상징하며 (2024년)

아니라 과거로부터 배우고 같은 비극이 다시는 반복되지 않도록 하기 위함임을 알려줍니다. 아울러 한국전쟁은 세계 여러 나라가 유엔이라는 이름 아래 하나 되어 공동의 가치를 위해 힘을 모은 희귀한 역사적 순간이기도 합니다. 이처럼 동맹과 협력의 힘이 얼마나 크고 소중한지도 함께 되새기게 됩니다.

무엇보다 한국전쟁은 우리에게 평화란 결코 당연한 것이 아니며, 지키고 돌보며 끊임없이 노력해야 하는 소중한 가치임을 일깨워줍니다.

할아버지께서는 전투가 끝난 후에도 1957년까지 한국에 남아 평화 유지와 재건 활동에 헌신하셨습니다. 전쟁은 단순히 총성이 멎는 것으로 끝나는 것이 아니며, 진정한 평화는 끊임없는 화해와 안정에 대한 노력을 통해서만 이루어진다는 사실을 몸소 보여주셨습니다.

앞으로 이 모든 역사의 위에 놓인 세상을 살아갈 여러분께 간절히 부탁드립니다. 자유와 평화를 위해 헌신한 이들의 이야기를 결코 잊지 말아 주십시오. 그들의 용기를 마음에 새기고, 그들의 경험에서 배우며, 더 나은 미래를 함께 만들어 가는 것, 그것이야말로 우리가 그 유산을 올바르게 이어가는 길임을 기억해 주시기 바랍니다.

태국 THAILAND

참전 기간	1950년 11월 07일 ~ 1972년 06월
총 파병 인원	6,326명

지상군 구성	보병 대대	1개
	총	2,274명

해군 구성	호위함	3척
	수송선	1척

공군 구성	수송편대 비행 부대	1개

유엔군 피해 현황	전사	136명
	부상	1,139명
	실종	5명
	총계	1,280명

한국전쟁 참전 기념비는 경기도 용인시 구성면 동백리에 위치해 있습니다.

영예의 유산:
할아버지의 군 복무에서 전해받은 기억과 가치

사꼴 스리트라굴을 기리며

글쓴이
와시타 스리트라굴

Sakol Sritragool(사꼴 스리트라굴)
중령

Wasita Sritragool(와시타 스리트라굴)
한국외국어대학교

자기소개

안녕하세요. 저는 태국 출신의 와시타 스리트라굴(Wasita Sritragool)이라고 합니다. 한국전쟁 참전용사이신 사콜 스릿타라굴(Sakol Sritragool) 할아버지의 손녀이기도 합니다. 저는 대학원 과정을 위해 한국에서 2년 반 동안 거주한 경험이 있으며, 현재는 태국의 FMCG(빠르게 소비되는 생필품 및 소비재) 기업에서 경영팀 일원으로 일하고 있습니다.

저는 사람들과 어울리는 것을 좋아하는 외향적인 성격으로, 새로운 사람을 만나고 다양한 활동에 참여하는 것을 즐깁니다. 또한 외교관이 되고 싶다는 꿈과 세상에 대한 깊은 호기심이 제 삶에 큰 영향을 주었습니다. 어린 시절부터 태국을 대표하여 해외에서 공부하거나 국제 프로그램에 참여하는 모습을 늘 상상해 왔습니다.

그러던 어느 날, 우연히 페이스북 피드에서 태국의 한국전쟁 참전용사에 관한 귀중한 정보를 접하게 되었습니다. 호기심이 생겨 더 깊이 알아보던 중, 특히 참전용사 후손 교류 캠프라는 프로그램에 대해 많은 것을 배우게 되었습니다. 이 경험은 제 시야를 넓혀 주었을 뿐 아니라, 앞으로 어떤 길로 나아가야 할지에 대한 새로운 가능성을 열어 주었습니다.

무엇보다도 이 경험을 통해 평화라는 가치가 얼마나 중요한 토대인지를 깨달을 수 있었으며, 평화가 안정과 발전의 기반이자 조화와 공존을 가능케 하는 원천임을 깊

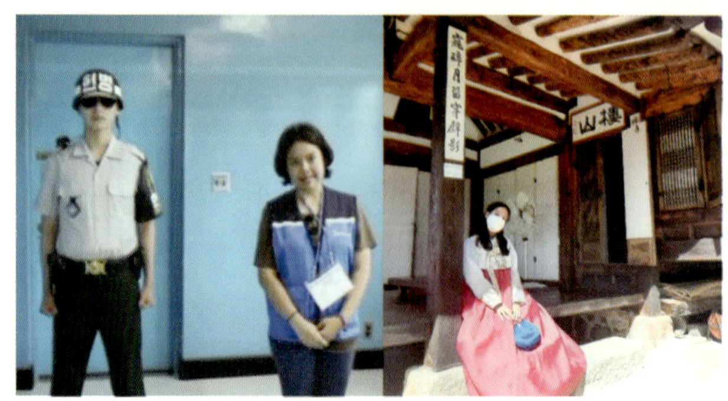

의정부청소년수련관에서 한국 문화 배우기 (2021)

2024년 2월 16일 졸업식

이 인식하게 되었습니다.

한류 열풍, 특히 엔터테인먼트 산업의 성장 덕분에 한국은 큰 영향력을 가지게 되었고, 국제사회에서 더욱 빛나는 나라로 자리매김하였습니다. 문화적 영향력뿐 아니라, 한국은 아시아에서 가장 명망 있는 교육 시스템 중 하나를 자랑합니다. 한국과 태국은 문화적으로 유사한 점이 많고, 지리적으로도 가까워서 저는 자연스럽게 한국에서의 유학에 관심을 갖게 되었습니다.

여러 가능성을 꼼꼼히 탐색한 끝에, 참전용사 단체들의 도움을 받아 한국외국어대학교에서 국제학 석사 과정을 밟게 되었고, 2024년에 졸업한 후 태국으로 돌아와 새로운 여정을 시작하였습니다. 그 여정 속에서 저는 한국에서 얻은 값진 경험과 깊은 배움을 늘 마음에 간직하며 살아가고 있습니다. 제게 있어 한국은 진정한 제2의 고향이 되었으며, 그곳에서 만난 용감한 전사들과 대한민국은 제 삶의 중요한 일부가 되었습니다.

이 기회를 통해 저는 다양한 학술적·직업적 경험에 참여할 수 있었습니다. 여러 대학과 민간 기관, 정부 기관, 그리고 태국과 한국 양국 대사관에서 주최한 세미나와 회의, 공동 프로그램에 적극적으로 참여하며 많은 것을 배우고 느낄 수 있었습니다.

2023년 주한 태국대사관 관련 다양한 활동 참여

2022년 참전용사 후손들과 함께한 국가 평화 세미나 참여

태국의 헌신

　6.25전쟁은 20세기의 가장 중대한 갈등 중 하나로, 남북한 간의 대립이 중심에 있었던 전쟁입니다. 태국은 동남아시아 국가 중 최초로 유엔의 군사지원 요청에 응답하여 남한을 방어하는 데 동참하였습니다. 프라익 피분송크람(Plaek Phibunsongkhram) 총리의 지도 아래 태국 정부는 1950년, 제21왕립 태국보병대대(21st Royal Thai Infantry Battalion), 즉 '태국 원정군(Thai Expeditionary Forces)'을 한국에 파병하였습니다.[1]

　태국 군은 여러 주요 전투에서 중요한 역할을 해냈습니다. 벙커힐 전투에서는 전략적으로 중요한 지역을 지켜냈으며, 폭찹힐과 임진강 일대에서는 북·중 연합군의 반복적인 공격 속에서도 최전선을 지켜냈습니다. 이들의 용기와 희생은 태국 정부뿐 아니라 대한민국 정부로부터도 높이 평가받았고, 전쟁이 끝난 후 많은 참전용사들이 훈장과 포상을 받았습니다.

미 육군 기지에 계시는 할아버지

미 공군 수송기와 함께 계시는 할아버지

---

1) Roy, D. (2023). 한국전쟁과 유엔군의 군사 개입. 케임브리지대학교 출판부

오늘날에도 한국과 태국은 굳건한 외교적 유대를 유지하고 있으며, 태국 참전용사들의 공헌에 대해 깊은 감사의 마음을 전하고 있습니다. 태국 참전용사들은 정기적으로 6.25전쟁 기념행사에 초청되며, 한국과 태국 양국에선 전쟁 중 희생된 태국 군인들을 기리는 기념비도 세워졌습니다.[2]

할아버지의 이야기

저는 2003년 3월 12일, 아침 일찍 암으로 할아버지를 떠나보내야 했습니다. 당시 저는 겨우 아홉 살이었기에, 단 9년밖에 할아버지와 함께할 수 없었던 점이 늘 아쉬움으로 남습니다. 하지만 그 9년은 할아버지를 또렷이 기억할 수 있었던 소중한 시간이기도 했습니다.

저는 군인가정에서 대가족과 함께 자랐습니다. 집 거실 벽에는 할아버지께서 여러 나라에서 복무하셨던 시절의 사진들이 가득 걸려 있었고, 그 사진들은 어린 저에게 하나의 창이 되어 할아버지의 삶을 들여다볼 수 있는 통로가 되어 주었습니다. 할아

1997년 3월 3일, 첫돌 생일 파티

---

2) 외교부. (2020). 한국전쟁 맥락 속 태국–대한민국 관계. 외교부 출판
　태국 왕립군. (2015). 한국전쟁 기록과 태국군의 역할. 태국 왕립군 본부

버지께서 들려주신 이야기들과, 어릴 적 제가 던졌던 몇 가지 질문을 통해 조금씩 그분의 경험을 알게 되었습니다.

할아버지께서는 1952년 5월 22일부터 1953년 1월 31일까지 제6차 파병군 소속으로 6·25전쟁에 참전하셨습니다. 당시 일병으로 참전하셨고, 이후 1989년 소령으로 군생활을 마치셨습니다. 할아버지께서는 종종 태국 병사들에게 가장 힘들었던 점으로 혹독한 날씨와 부족한 보급품을 꼽으셨습니다. 게다가 신체 조건과 병력의 열세로 인해 전투에서도 많은 어려움을 겪으셨다고 말씀하셨습니다.

다만 할아버지께서는 전쟁 말미에 배치되어 비교적 전투의 격렬함이 줄어든 시기를 경험하셨다고 합니다. 누구도 전쟁을 원치 않지만, 그분께 전쟁은 성장과 배움의 기회이기도 했습니다. 다양한 나라의 병사들과 협력하며 평화와 안정을 이루는 데 있어 연합과 단결의 힘을 직접 목격하셨습니다. 또한 이 경험은 이후 태국이 베트남 전쟁에 참여하는 데 중요한 기초가 되었다고 말씀하셨습니다.

할아버지께서 한국전쟁에 참전하시기 위해 USS 제너럴 H. W. 버트너(AP-113) 함정을 타고 해외로 이동하신 모습

평생 처음으로 가장 혹독한 추위를 경험하신 순간

미래 세대에게 보내는 메시지

우리가 살아가는 세상에서 '관계'는 삶의 본질이라 할 수 있습니다. 가족과 친구, 사랑하는 사람들 사이의 관계는 물론, 서로 다른 문화와 규칙, 다양한 시각이 공존하는 이 세상에서 사람과 사람 사이의 연결은 그 어느 때보다도 중요하고 깊은 의미를 지닙니다. 모든 관계는 우리에게 이해와 회복력, 그리고 공감의 가치를 가르쳐 주며, 우리를 성장시키는 귀한 배움의 장이 되어 줍니다.

미래는 결코 순탄하지만은 않을 것입니다. 분명 변화와 도전이 있을 것이며, 때로는 모든 것을 새롭게 시작해야 할지도 모릅니다. 지금 이 순간에도 세상은 빠르게 변화하고 있으며, 한때는 멀고 무관하다고 여겼던 일들이 어느새 우리 삶에 깊은 영향을 미치는 현실이 되곤 합니다. 전쟁 또한 그러합니다. 멀리 있는 듯 보이지만, 그 여파는 국경을 넘어 사람들의 삶을 깊이 흔들어 놓습니다. 전쟁에는 진정한 승자가 없습니다. 남는 것은 상처와 슬픔, 그리고 시간이 지나도 아물지 않는 고통뿐입니다.

그래서 저는 오늘날의 젊은 세대에게 희망을 걸고 싶습니다. 이들은 우리 사회의 새로운 주역이며, 세상을 바꿀 힘을 지니고 있습니다. 우리는 과거의 실수를 반복하지 않기 위해 역사를 기억해야 합니다. 정의를 위해 목소리를 내고, 공감과 이해를 바탕으로 한 사회를 만들어 가야 합니다. 우리의 선택이 미래를 만듭니다. 평화는 마음에서 시작되어 말로 표현되고, 행동으로 실현되는 것입니다.

그리스 GREECE

참전 기간	1950년 12월 09일 ~ 1955년 12월
총 파병 인원	4,992명
지상군 구성	보병 대대 1개 총 1,263명
공군 구성	수송편대 비행 부대 1개
유엔군 피해 현황	전사 194명 부상 543명 포로 3명 총계 740명

한국전쟁 참전 기념비는 경기도 여주시 가남면 오산리에 위치해 있습니다.

할아버지의 이야기:
한국전 참전 용사로서의 삶

소크라티스 부치카리스를 기리며

글쓴이
소크라티스 부치카리스

Socrates Boutsikaris
(소크라티스 부치카리스)
그리스 군인

Socrates Boutsikaris
(소크라티스 부치카리스)
슬로바키아 코시체 수의과대학교

자기소개

　안녕하세요. 저는 소크라테스 부치카리스(Socrates Boutsikaris)이며, 한국전쟁에 참전하신 할아버지의 손자입니다. 현재 21세로 슬로바키아(Slovakia)에 거주하며 코시체(Kosice) 수의과대학에서 학업 중입니다. 세 남매 중 한 명으로 자랐고, 할아버지와 아버지 모두 군 복무를 하신 집안에서 성장하면서 어릴 적부터 전쟁과 군인의 삶에 대한 이야기들을 들어 왔습니다. 어린 시절부터 한국전쟁과 그리스 내전, 두 차례의 전쟁을 겪으신 할아버지를 깊이 존경해왔습니다.

　할아버지의 경험에 대해 가능한 한 많이 알고 싶어, 아버지를 통해 전쟁 이야기를 들었고, 할아버지를 뵐 때마다 군인으로서의 경험을 여쭙곤 했습니다. 그러나 안타깝게도 저는 2013년, 겨우 아홉 살이었을 때 할아버지를 여의었습니다. 지금 스물한 살이 된 지금, 할아버지와 더 깊은 이야기를 나눌 수 있었더라면 하는 마음이 가슴을 먹먹하게 합니다.

　전쟁의 참혹함을 견디고 살아남으셨으며, 이후 따뜻하고 강한 가족을 일구신 할아버지를 떠올릴 때마다 저는 한없는 존경심을 느낍니다. 지금도 할아버지께 여쭙고 싶은 질문은 셀 수 없이 많으며, 그분이 전해주셨을 삶의 지혜 또한 무궁할 것이라 생각합니다.

　2023년 여름, 저는 전쟁에 참전하신 가족의 일원으로서, 그리고 그리스를 대표하는 청년으로서 한국을 방문하는 뜻깊은 기회를 가졌습니다. 할아버지께서 여러 번

2023년 한국전쟁 70주년 기념 추모식 참석 (대한민국)

2023년 부산 참전용사 추모 묘역을 방문

들려주셨던 장소들을 제 눈으로 직접 보고, 함께 싸웠던 다른 참전용사분들을 만날 수 있었던 그 시간은 제게 매우 소중한 경험이었습니다.

서울과 부산의 거리를 걸으며, 할아버지와 같은 분들이 흘리신 피와 땀이 있었기에 오늘날의 평화롭고 번영한 한국이 존재할 수 있었음을 다시금 깨달았습니다. 그때의 한국 방문은 제 마음 깊은 곳에 오래도록 남을 것이며, 할아버지께서 지키고자 했던 소중한 가치가 얼마나 의미 있는 것이었는지를 다시 한 번 느끼게 해주었습니다.

그리스의 헌신

그리스는 한국전쟁에서 UN 동맹국에 대한 강한 연대 의지를 보여주었습니다. 한국을 돕기 위해 4,992명의 병력을 파병하고, '다코타(Dakota)'로 알려진 더글러스 C-47(Douglas C-47) 수송기 7대를 투입하여 확고한 지원을 보였습니다. 당시 그리스는 제2차 세계대전(1939 - 1944)과 그리스 내전(1946 - 1949)의 참화를 막 벗어난 상태였습니다. 그럼에도 불구하

한국의 참호 속 그리스 병사들 © mixanitouxronou.gr

고 그리스는 자유와 국제 협력의 가치를 지키기 위해 놀라운 용기와 끈기를 보여주었습니다.

한국으로 향하는 여정은 매우 험난했습니다. 병사들은 한 달에 걸친 긴 항해를 견디며, 한 번도 가보지 않은 낯선 땅, 그리고 다시는 돌아오지 않을지도 모를 곳에서 싸우기 위해 출정했습니다. 그들에게는 엄청난 정신력과 감정적 인내가 요구되었습니다.

그리스 보병은 한국전쟁 중 세 차례의 중요한 전투에서 핵심적인 역할을 수행했습니다.

1. 381 고지 전투

2. 해리 전초기지 전투 - 그리스군이 압도적인 중공군의 공격에 맞서 용감히 진

"1951년 3월 31일, 한국 중부 전선에서 독립기념일을 기념하는 예식 중, 미 제8군 사령관 매튜 B. 리지웨이 중장이 한국에서 싸우고 있는 그리스 대대 소속의 그리스 정교회 군종신부 테오파니스 트라톨로스 목사가 들고 있던 십자가에 입을 맞추는 모습입니다. 이후 리지웨이 장군은 유엔군과 함께 공산군에 맞서 싸우며 탁월한 전투 명성을 쌓은 이 부대를 사열했습니다." © TheChaplainKit.com/greece

한국전쟁 기념행사, 그리스 (2010)

할아버지께서 명예훈장을 받으신 모습 (1971)

할아버지께서 한국에서 명예훈장을 받으신 모습 (2006)

지를 사수한 전투

3. 중부 한국 지역 전투 - 그리스군이 중국 공산군과 치열한 전투를 벌였던 전투

당시 군 지휘관들은 이렇게 평가했습니다. "그리스 병사들은 전장에서 빛나는 용기를 보여주었으며, 부대 전체에 없어서는 안 될 존재였습니다. 해리 전초기지에서의 방어는 현대전 역사에서 가장 용감한 사례 중 하나로 기억될 것입니다(The Greek forces distinguished themselves in battle, proving to be an invaluable asset to the division. Their steadfast defense at Outpost Harry remains one of the finest examples of courage in modern warfare)"

할아버지의 이야기와 추억

제 할아버지 소크라테스 부치카리스는 단 22세의 나이에 긴 여정을 떠나 그리스 군의 일원으로 한국전에 참전하셨습니다. 할아버지는 무려 18개월 동안 한국인의 자유와 독립을 지키기 위한 전투에 참여하시며, 말로 다 할 수 없는 고통과 전쟁의 참혹함을 직접 목격하셨습니다.

제가 할아버지께 한국전쟁에 대해 여쭈었을 때, 할아버지께서 자주 들려주셨던 두 가지 이야기가 특히 기억에 남습니다.

첫 번째는 지독했던 겨울에 관한 이야기였습니다. 할아버지께서는 "영하 30도 이하의 혹한 속에서 싸웠다. 며칠 동안 손가락 감각이 전혀 없었다(It felt like I was fighting in temperatures below −30℃. I couldn't feel my fingers for days)"고 회상하셨습니다. 그 말씀은 결코 과장이 아니었습니다. 이후 제가 참가했던 참전용사 모임에서도 세 분의 그리스 용사분들이 같은 기억을 떠올리며, 그 혹독했던 추위를 증언하셨습니다.

두 번째는 '해리 전초기지(Harry Outpost)'에서 벌어진 치열한 전투에 관한 이야기였습니다. 할아버지는 그 전투 당시의 혼란과 험난한 지형, 그리고 생존 본능이 온몸을 지배하던 순간들을 생생히 회고하셨습니다. 그곳에서 겪은 공포는 할아버지와 전우들의 마음에 너무도 깊이 남아, 그들은 그 진지를 "하로스(Haros)"라고 불렀습니다. 이는 그리스어로 '죽음' 혹은 '사신'을 뜻하는 이름이었습니다.

미래 세대에게 보내는 메시지

저는 제 할아버지의 이름을 물려받은 손자로서, 그분의 용기를 기억하고 그 이야기를 후세에 전하는 것을 제 사명이라 믿고 있습니다.

한국전쟁은 단순한 역사적 사건이 아닙니다. 그것은 용기와 인내, 그리고 평화를 향한 숭고한 희생의 증거입니다. 이에 저는 오늘날의 젊은 세대에게 간절히 부탁드리고자 합니다. 이 귀중한 유산을 결코 잊지 말아 주시기를 바랍니다. 그 전쟁에서 싸운 분들의 희생을 기억하며, 우리가 오늘 누리는 안정과 평화가 어떻게 가능했는지를 깊이 되새겨야 합니다.

더 나은 미래를 만들어가기 위해서는 과거를 되돌아보아야 합니다. 그리고 고통 속에서도 희망을 일구고, 불가능 속에서도 평화를 이룩한 이들로부터 배워 나아가야 할 것입니다.

남아프리카공화국 SOUTH AFRICA

참전 기간	1950년 11월 16일 ~ 1953년 10월	
총 파병 인원	826명	
공군 구성	전투 비행 전대	1개
유엔군 피해 현황	전사	37명
	포로	8명
	총계	45명

한국전쟁 참전 기념비는 경기도 평택시 용이동에 위치해 있습니다.

알렉시스 '토퍼' 반 더 스퍼이:
저의 할아버지이자, 저의 영웅, 그리고 한국전쟁의 영웅

알렉시스 '토퍼' 반 더 스퍼이를 기리며

글쓴이
알레시아 스테파누티

Alexis "Topper" van der Spuy
(알렉시스 '토퍼' 반 더 스퍼이)
전투기 조종사

Alessia Stefanutti
(알레시아 스테파누티)
더럼대학교

자기소개

참전용사 후손들의 한국 방문
(2023)

2023년 참전용사 후손 교류캠프
기간중 대한민국 전쟁기념관
방문

안녕하세요. 저는 알레시아(Alessia)라고 하며, 현재 영국의 더럼 대학교(Durham University)에서 학업 중에 있습니다. 저는 한국전쟁에 참전한 남아프리카 공군 조종사였던 저의 할아버지 알렉시스 '토퍼' 반 더 스퍼이(Alexis "Topper" van der Spuy)의 손녀라는 사실을 매우 자랑스럽게 생각하고 있습니다.

2023년 여름, 저는 참전용사 후손 교류 캠프에 참가하기 위해 한국을 방문할 수 있는 큰 영광과 특권을 누렸습니다. 이 방문을 통해 종종 '잊혀진 전쟁'이라 불리는 한국전쟁에 대해 알수 있게 되었고, 한국 국민들이 참전 용사들의 희생을 얼마나 진심으로 기억하고 감사히 여기는지를 깨달았습니다.

저는 할아버지가 태어나기 전에 돌아가셔서 직접 뵌 적은 없지만, 할아버지의 유산은 제 가족 모두에게 항상 큰 자부심의 원천이었습니다. 특히 한국을 방문했을 때 할아버지와 깊은 연결감을 느낄 수 있었고, 할아버지의 용기가 이 아름다운 나라의 자유에 기여했다는 사실에 말로 표현할 수 없이 벅찬 감정을 느꼈습니다.

부산 감천문화마을을 팀원들과 함께 둘러보던 중, 제게 평생 잊지 못할 사건이 일어났습니다. 저와 일행이 한 길거리 음식 가판대에 들러 처음으로 한국식 핫도그를 주문했는데, 저희가 한국전쟁 참전용사의 후손이라는 사실을 알게 된 상인께서 식사를 선물해주시며 감사의 마음을 전하셨습니다. 이처럼 따뜻하고 진심 어린 행동은 한국에 머무는 내내 경험했던 감사와 존경의 감정을 고스란히 보여주었고, 저는 깊이 감동받았습니다.

이 자리를 빌려, 저에게 참전용사 후손 교류캠프에 참여할 기회를 주신 대한민국 정부와 국가보훈부에 진심으로 감사드립니다. 이 경험은 제 인생을 바꿔 놓았고, 저를 더욱 성숙하게 만들어 주었을 뿐만 아니라 평생 이어질 우정들을 만들 수 있는 귀한 시간이었습니다. 동시에 사랑하는 할아버지를 기리는 뜻깊은 시간이기도 했습니다. 할아버지는 수많은 참전용사들처럼 한국의 자유를 위해 먼 길을 오신 멋지신 분이셨습니다.

남아프리카의 헌신

남아프리카공화국은 한국전쟁이 발발했을 당시, 유엔의 지원 요청에 대해 파병을 신속히 결정하였습니다. 1950년 8월 4일, 연방 정부는 전투기 조종사와 지상요원을 한국에 파견하겠다고 공식 발표하고, 해외 복무를 의무화하지 않고 자원자들을 모집하였습니다. 그로부터 불과 몇 주 뒤인 8월 27일, '날아다니는 치타들(Flying Cheetahs)'이라는 별칭으로 불리었던 남아프리카공군 제2전투비행대대는 전시체제로 전환되어 파병 준비를 마쳤습니다.

1950년 11월 16일, 첫 번째 남아공 조종사들과 지상요원들이 미 공군 제18전투폭격비행단에 소속되어 한국의 K-9 미군기지에 도착하였습니다. 그들은 적군 공격, 지상 지원, 정찰, 차단 작전, 호위 임무 등을 수행하였습니다. F-51 머스탱 전투기를 시작으로 이후에는 F-86 세이버 전투기를 조종하며 총 13,761회의 임무를 수행했고, 탁월한 전투력과 기술력, 용기와 헌신으로 널리 명성을 떨쳤습니다.

한국식 핫도그 먹어본 순간 (2023)

2023년 참전용사 후손 교류캠프에서 만난 친구들과 (2023)

서울 전쟁기념관에 전시된
남아프리카공화국 공군 제복 (2023)

할아버지께서 두 명의 남아공 공군
전우들과 함께 찍은 사진 (착석한 인물,
1951년)

한국전쟁 당시 전투기 조종사였던
할아버지의 모습 (1952년)

하지만 이러한 전쟁은 승리를 위해 큰 희생을 동반했습니다. 77대의 전투기가 격추되었고, 34명의 조종사와 2명의 지상요원이 전사했으며, 1명이 포로로 붙잡히고 8명은 최대 2년 동안 포로 생활을 견뎌야 했습니다.

이처럼 용감한 이들의 희생에도 불구하고, 아직도 많은 남아공 국민들은 자국이 한국전쟁에 참여했다는 사실과 이 전쟁에서 수행한 핵심적인 역할을 잘 알지 못합니다. 이제는 남아프리카공화국이 역사적으로 얼마나 중요한 기여를 했는지 널리 알리고, 이 위대한 이들의 용기와 봉사를 다음 세대가 잊지 않도록 기리는 노력이 계속되어야 합니다.

할아버지의 이야기

제 할아버지인 알렉시스 '토퍼' 반 더 스퍼이 중위께서는 남아프리카공화국 공군 전투기 조종사로서, 한국의 자유를 위해 자원하여 참전하셨습니다. '토퍼'는 전쟁 당시 할아버지께서 사용하셨던 애칭이었습니다.

할아버지께서는 이미 제2차 세계대전에서도 용기와 뛰어난 기량으로 널리 인정받은 베테랑이셨습니다. 한국전쟁이 발발하자, 남아프리카는 자국의 엘리트 조종사, 정비사, 기술자들로 구성된 2전투비행대대를 미 공군 제18전투폭격비행단과 연합하여 파병하였습니다. 머스탱 전투기를 조종하며 정찰, 타격, 위험한 공중 임무를 수없이 수행하였고, 그 활약은 작전에 있어 귀중한 자산이 되었습니다.

할아버지는 1951년 11월 한국에 도착하였으며, 복무 기간 동안 총 67회의 전투 임무를 수행하셨습니다. 적군 표적에 대한 정밀 타격을 위해 낮은 고도로 비행하는 등 탁월한 기술과 담력을 발휘하셨습니다.

조종사로서의 능력뿐 아니라, 활달하고 유쾌한 성격으로 비행대원들 사이에서도 사랑을 받으셨습니다. 때로는 기타를 치며 노래를 불러 전우들의 긴장을 풀어주시기도 했고, 함께 싸운 남아공 및 미군 조종사들은 훗날 회고록에서 할아버지의 따뜻한

할아버지와 그의 남아공 공군 전우들이
머스탱 전투기를 타기 위해 준비 중인 모습
(1951년)

제 할아버지는 동물을 무척
좋아하셨습니다. 전쟁 중 이 작은 사슴과
친구가 되셨지요 (1951년)

인간미와 유쾌함에 대해 언급하기도 하였습니다.

1952년 3월 6일은 할아버지의 참전 중 가장 전설적인 하루로 기억됩니다. 그날 하루에만 다섯 번의 전투 출격을 감행하셨고, 적 차량, 다리, 탄약고를 타격하며 큰 성과를 거두셨습니다. 다섯 번째 임무 중에는 비행기 엔진이 정지되어 폭탄을 긴급 투하했는데, 그 충격으로 근처 교회 종소리가 울렸다고 합니다. 할아버지의 비행기는 논밭에 추락했지만, 다행히 조종석에서 빠져나와 연료에 젖은 채 기적적으로 생존하셨습니다.

미군 기지로 구조되어 돌아오신 할아버지께는 열렬한 환영이 이어졌습니다. 기지 정비팀은 작은 크레인을 이용해 할아버지를 태우고 원주 기지 거리로 향했으며, 그 모습을 본 마을 아이들은 기뻐하며 뛰어나와 환호하고 손을 흔들었습니다. 전쟁의 한복판에서 잠시나마 웃음이 피어난 따뜻한 순간이었습니다.

그날 이후, 허용된 출격 횟수에 거의 도달한 할아버지는 마지막 한 번의 임무를 마친 뒤, 전투 스트레스를 염려한 지휘관의 결정에 따라 남아공으로 복귀하셨습니다. 미군 부대는 그를 위해 환송 파티를 열며 뛰어난 조종사이자 소중한 친구였던 그를 기념했습니다.

할아버지께서는 한국 국민들을 진심으로 아끼셨고, 그들의 자유를 위해 모든 것을 걸 각오로 임하셨습니다. 그분의 깊은 용기와 회복력, 따뜻함은 오늘날 저에게 큰 영감을 주고 있으며, 저는 이 이야기를 나눌 수 있음에 무한한 자부심을 느낍니다.

할아버지께서는 기타를 연주하고 노래하며 전우들의 사기를 북돋아주는 것으로 유명했습니다 (1952년)

하루 다섯 번째 임무 중 머스탱 전투기가 추락했지만, 살아남은 것에 감사했던 순간 (1952년 3월 6일)

미래 세대에게 보내는 메시지

　한국전쟁은 흔히 '잊혀진 전쟁'이라 불리지만, 그 영향력은 오늘날에도 여전히 강하게 기억되고 느껴지고 있습니다. 오늘날의 자유롭고 번영한 한국은, 바로 우리 선조들의 희생과 용기, 그리고 연대의 힘이 만들어낸 결실입니다. 참전용사들의 이야기를 절대로 잊지 말아주세요. 그들의 기억을 간직하고, 나누며, 후세에도 잊히지 않도록 해주세요. 그들의 용기는 우리 역사의 일부이며, 우리는 그 유산을 지키고, 존중하고, 기려야 할 책임이 있습니다.

참전용사 후손 교류캠프에서 평생 간직할 추억과 우정을 쌓다 (2023)

벨기에 BELGIUM

참전 기간	1951년 1월 13일 ~ 1955년 6월
총 파병 인원	3,498명

지상군 구성

보병 대대	1개
병력	944명

유엔군 피해 현황

전사	106명
부상	336명
실종	4명
포로	1명
총계	447명

한국전쟁 참전 기념비는 경기도 동두천시 산봉암동에 위치해 있습니다.

저의 아버지이자 한국전쟁 참전용사,
구스타브 미셸 수르브론의 이야기

구스타브 미셸 수르브론을 기리며

글쓴이
릴리안 조안나 줄리엣 수르브론

Gustave Michel Sourbron
(구스타브 미셸 수르브론)
1등 상사

Lilianne Sourbron
(릴리안 수르브론)

자기소개

태어난지 7주 된 저와 어머니

안녕하세요. 제 이름은 릴리안 수르브론(Lilianne Sourbron)입니다. 저는 부모님의 첫째 딸로, 1956년 10월 6일 독일 쾰른(Cologne)의 델브뤼크(Delbruck)에 위치한 B.S.D 군 병원에서 태어났습니다. 당시 아버지께서는 벨기에 군인으로 복무 중이셨고, 그로 인해 저희 가족은 독일에 주둔하고 있었습니다.

이후로 여동생 한 명과 남동생 셋이 차례로 태어났습니다. 부모님 두 분 모두 벨기에 출신이셨으며, 아버지께서는 군사 훈련에 자주 참여하셨기 때문에 집에 계신 시간이 많지 않았습니다. 아버지는 매우 엄격하신 분이었는데, 아마도 힘겨운 어린 시절의 영향이 컸던 것 같습니다. 반면 저는 어머니와의 추억이 더욱 뚜렷하게 남아 있어, 종종 "우리를 길러주신 분은 어머니였다"고 말하곤 합니다. 어머니는 독일에 살던 당시 고향인 벨기에를 자주 그리워하셨던 것 같습니다. 하지만 정작 제가 벨기에로 이사 왔을 때는 마음이 완전히 편하지는 않았습니다. 독일의 집들은 더 넓고 현대적이었고, 어린 시절 저마다 자기 방을 가질 수 있었던 반면, 벨기에에서는 그런 여건이 쉽지 않았기 때문이었습니다.

저는 독일에서 초등학교를 다녔고, 열한 살부터 열여섯 살까지는 벨기에 빌젠(Bilzen)이라는 마을에서 기술 교육을 받았습니다. 이후 재봉 공장에서 일을 시작했고, 주턴달(Zutendaal)에 있는 FN 공장에서는 탄약 생산 업무를 맡았습니다. 그 후 여러 창고에서 고객 주문을 수집하고 포장하며, 발송을 준비하는 일을 했고, 2006년까지 꾸준히 일해 왔습니다.

열아홉 살이라는 어린 나이에 예상치 못한 임신으로 결혼하게 되었고, 첫 남편과의 사이에서 아들과 딸을 낳았습니다. 이후 이혼을 겪었고, 2006년에 재혼하여 아들과 딸 쌍둥이를 얻었습니다. 저는 열여섯 살 때부터 일하기 시작해, 2016년에 은퇴할 때까지 쉼 없이 일하며 살아왔습니다.

가족 사진

현재는 벨기에 뮌스터빌젠(Munsterbilzen)에 거주하고 있으며, 제 자녀들은 모두 독립해 각자의 삶을 살아가고 있습니다. 특히 큰딸 덕분에 사랑스러운 손자와 손녀도 보게 되어, 지금은 조부모로서의 기쁨을 누리고 있습니다.

벨기에의 헌신

한국전쟁이 발발했을 당시, 유엔은 북한의 남침이 제2차 세계대전과 같은 전면적 국제 분쟁으로 확산될 가능성에 깊은 우려를 표했습니다. 이러한 국제적 긴장 속에서, 1950년 벨기에 정부는 유엔의 요청에 응답하여 한국을 지원하기로 결정하였습니다.

정부는 '한국 파견 벨기에 의용군단을 조직하기 위해 전국에 전단을 배포하며 자원병 모집에 나섰고, 이에 3,000명이 넘는 젊은이들이 지원하였습니다. 이 가운데 700명이 최종 선발되었으며, 그들이 입대한 동기는 제각기 달랐습니다. 공산주의의 확산을 저지하겠다는 정치적 신념에서 비롯된 이들도 있었고, 아직 알지 못했던 세상으로의 모험을 꿈꾸던 이들도 있었으며, 당시 기준으로 매력적인 급여 조건에 이끌린 이들도 있었습니다.

그 가운데 상당수는 '한국'이라는 나라조차 들어본 적이 없었고, 어디에 위치해 있는지도 모른 채 지원한 이들도 많았습니다. 이 여정은 그들에게 마치 알려지지 않은 세계를 향한 첫걸음과도 같았습니다.

1950년 9월 13일, 벨기에 정부는 유엔군을 지원하기 위해 600명 규모의 자원병 대대를 한국에 파병하기로 약속하였고, 약 3개월간의 훈련을 거쳐 이 부대는 다음 해 1월 한국에 도착했습니다. © wikimedia.un.org

카미나(Kamina) 호, 한국을 향해 앤트워프 항구를 떠나다.
© wikimedia.org

그러나 선발된 병사들이 곧바로 전장에 투입된 것은 아니었습니다. 이들은 먼저 벨기에 레오폴츠부르크(Leopoldsburg)인근에 위치한 베벌로 병영에 집결하여 혹독한 군사 훈련을 받았습니다. 주야를 가리지 않는 장거리 행군과 무거운 배낭을 짊어진 반복 훈련을 견뎌내야 했으며, 심지어 머리 위로 실탄이 날아다니는 훈련도 있었습니다. 이러한 고강도의 훈련을 모두 마친 후, 레오폴츠부르크 시내 광장에서 열병식이 열렸고, 훗날 국왕이 되는 보두앵 왕자(Prince Boudewijn)께서 직접 병사들에게 갈색 베레모를 수여하셨습니다.

그리고 마침내, 1950년 12월 18일, 벨기에와 룩셈부르크 자원병들은 '카미나(Kamina)'호에 승선하여 앤트워프 항구를 출항, 한국을 향한 긴 항해를 시작했습니다. 원래 바나나를 운송하던 상선이었던 이 배는 군용 수송선으로 개조되어 약 700명의 병사들을 태웠고, 그에 맞춰 여러 설비가 보완되었습니다. 병사들은 비좁은 공간에서 3단 침대를 사용하는 등 불편함을 감수해야 했으며, 항해 도중에도 훈련은 계속되었습니다. 특히 수에즈 운하를 지나면서 시작된 무더위 속에서도 병사들은 묵묵히 훈련에 임하며 임박한 전투에 대비했습니다.

1951년 1월 21일, 이 배는 마침내 부산항에 도착하였고, 병사들은 미군의 지휘 아래 '벨기에 유엔사령부(BUNC)'로 편성되어 전투에 투입되기 시작했습니다. 이 부대에는 룩셈부르크(Luxembourg) 대공국에서 파견된 병사들로 구성된 소대도 포함되어 있었습니다.

한국에 도착했을 당시, 현지는 혹독한 한겨울이었고, 많은 병사들은 적절한 방한 장비 없이 추위와 싸워야 했습니다. 이후 방한복과 장비가 지급된 뒤에야, 병사들은 서울에서 약 20킬로미터 떨어진 한강 전선으로 이동하여 참호를 파고 진지를 구축하며 정찰 임무에 투입되었습니다.

그러던 중, 1951년 3월 18일, 소대를 이끌던 피에르 보프레즈(Pierre Beauprez) 중위가 불의의 지뢰 사고로 전사하는 비극이 발생했습니다. 그는 한국에 파견된 벨기에 의용군단 가운데 첫 번째 전사자로 기록되었으며, 그의 숭고한 희생은 지금까지도 깊은 존경과 애도의 마음으로 기억되고 있습니다.

이어 4월에는 병사들이 38선을 넘어 임진강 인근으로 진격하였고, 그곳에서 대규모의 중공군과 마주하며 치열한 전투를 치렀습니다. 이 전투에서 4명의 병사가 전사하고, 30여 명이 부상을 입었으며, 특히 제2소대가 가장 큰 피해를 입었습니다.

벨기에-룩셈부르크 대대는 그 용맹함과 헌신으로 연합군 내부에서도 경외와 존경을 받는 부대로 알려졌습니다. 이들의 활약은 국제적으로도 인정되어, 미국과 한국을 포함한 여러 나라로부터 총 여섯 개의 명예 훈장을 수여받는 영예를 안았습니다.

1950년부터 1953년 사이, 한국전쟁에 자원하여 참전한 벨기에 의용군단 중 106명의 벨기에 병사와 2명의 룩셈부르크 병사가 전사하였으며, 300명이 넘는 이들이 부상을 입었습니다. 또한, 현재까지도 4명의 벨기에 병사가 실종 상태로 남아 있습니다.

총 3,498명의 의용군이 참전을 위해 한국으로 향하였고, 그중 일부는 두 번, 심지어 세 번 이상 자원하여 복무하였습니다. 마지막 참전 병사들이 고국으로 귀환한 것은 1955년 7월의 일이었습니다.

이후 벨기에 국왕 훈장기(레오폴드 훈장)(Belgian Order of Leopold)에는 다음과 같은 참전 기록이 새겨졌습니다:

- 임진강 금굴산: 1951년 4월 22일부터 26일까지의 전투. 1952년 1월 4일 수여
- 철원 학당리: 1951년 10월 9일부터 13일까지의 전투. 1953년 6월 25일 수여
- 김화 잣골: 1953년 3월~4월의 전투. 1953년 7월 22일 수여
- 한국 전역: 1951년 1월 31일부터 1953년 7월 27일까지. 1954년 1월 14일 수여

또한 임진강 전투에 대한 공로로 다음의 특별 포상도 수여되었습니다:

- 미국: 대통령 부대 표창 (1952년 9월 6일)
- 대한민국: 대통령 부대 표창 (1952년 6월 7일)

룩셈부르크 정부는 1994년 5월 27일, 금성 무공 훈장을 추가로 수여하며 이들의 헌신을 기렸습니다.

아버지의 이야기

저희 아버지께서는 1928년 7월 3일, 벨기에 리에주(Liege, Belgium)에서 태어나셨습니다. 두 명의 여동생이 있는 삼남매의 장남이셨지요. 어린 시절은 가족을 떠난 할아버지의 부재 속에서 어려움이 많았고, 그로 인해 아주 이른 나이부터 가족을 부양

하는 책임을 지셔야 했습니다.

제2차 세계대전은 아버지의 삶을 더욱 힘겹게 만들었습니다. 전쟁이 발발했을 당시 아버지는 불과 열두 살에 불과하셨고, 농장에서 일하시던 중 다락에서 추락해 무릎에 큰 부상을 입으셨습니다. 그 사고로 오랜 시간 병원에 입원해야 했지요.

비록 할머니께서 극구 반대하셨지만, 아버지께서는 결국 한국에 파병되기로 결심하셨습니다. 그 선택의 배경에는 제2차 세계대전 말기, 미국이 벨기에를 해방시켜 준 것에 대한 깊은 감사의 마음이 자리하고 있었습니다. 그렇게 아버지께서는 '한국 자원군'에 자원 입대하셨습니다.

벨기에 레오폴츠부르크(Leopoldsburg) 인근 베벌로(Beverlo) 병영에서 군사 훈련을 마치신 후, 1950년 12월 18일, 아버지께서는 'A957 카미나(Kamina)'호에 올라 한국으로 향하셨습니다. 일병으로 복무하시며, C중대에 배속되셨습니다.

아버지께서는 한국에서의 이야기를 많이 들려주시진 않으셨습니다. 다만, 제가 기억하는 바에 따르면, 한국에 도착했을 당시 기온은 영하 20도까지 내려갔고, 눈보라가 몰아치는 한겨울의 혹독한 추위 속에서 얼어붙은 땅은 삽조차 들지 않을 만큼 굳어 있었다고 말씀하셨습니다.

1951년 3월, 한강 일대에서 정찰 임무를 수행하시던 중, 수많은 중공군의 공격을 받으셨고, 4월 임진강 전투 당시에는 미군의 지원 없이 오직 벨기에 병사들만으로 전투를 감당해야 했습니다. 그 상황에서 아버지께서는 네 명의 동료 병사를 남겨둔 채 퇴각해야만 하는 고통스러운 결단을 내리셔야 했습니다.

귀스타브 미셸 수르브론

그해 4월, 부대는 38선을 넘어 북진하였고, 이후에도 중공군과의 치열한 교전을 이어가셨습니다.

1951년 10월 1일, 아버지께서는 귀환하셨고, 그곳에서 마리 테레즈 한센(Marie Thérèse Hansen) 여사를 만나 연인이 되셨습니다. 그러나 전쟁은 끝나지 않았습니다. 아버지께서는 다시금 참전을

귀스타브 수르브론, 남북한의 경계선인 38선에서

결심하시고, 1952년 6월 10일 두 번째로 한국 전선에 투입되셨습니다.

벨기에 국방부가 전투 공적을 기리며 수여한 추천서에는 아버지의 활약이 다음과 같이 기록되어 있습니다.

"그는 유엔군 소속으로 한국에 파병되어 통신선 설치 분대의 지휘관으로 복무하였으며, 1953년 3월부터 4월 사이 치열하게 전개된 잣골 전투에서 특히 두드러진 활약을 보였다. 이 전투는 광적이고 강력한 적에 맞선 격렬한 교전이었으며, 특히 4월 18일부터 19일까지 이어진 포격 속에서 그는 탁월한 침착함과 임무에 대한 헌신으로 자신의 분대를 이끌었다(As squad commander of the line-layers, in Korea, in the service of the United Nations, he distinguished himself particularly during the fierce and victorious battles fought at Chatkol in March-April 1953, against a challenging and fanatical enemy, namely during the attack of 18 to 19 April and ed his squad under fierce bombardments, with remarkable coolness and devotion to duty.)"

1955년, 아버지께서는 전선에서 최종 귀환하신 후 테레즈(Therese) 여사와 결혼하시고, 두 명의 딸과 세 명의 아들을 포함한 다섯 자녀를 두셨습니다.

귀국 당시, 아버지께서는 네덜란드 참전용사들과 함께 비행기를 타고 네덜란드에 도착하셨습니다. 공항에는 정부 및 국방 관계자들이 나와 있었으나, 준비된 환영과 표창은 오직 네덜란드 병사들만을 위한 것이었고, 벨기에 병사들은 그 자리에 서서 아무런 환대나 감사를 받지 못한 채 돌아서야 했습니다. 아버지께서는 곧바로 고국으로 귀환하셨고, 시간이 한참 흐른 뒤에야 비로소 한국전쟁 참전에 대한 공적을 정당하게 인정받을 수 있었습니다.

이후 아버지께서는 유엔 참전기념 메달, 한국전쟁 참전 메달, 대

결혼식 사진

경기도 동두천시에 위치한 '룩셈부르크·벨기에 한국전 참전기념비'는 한국전쟁에 참전한 이들의 공헌을 기리기 위해 세워졌습니다.
© wikimedia.org

한민국 대통령 부대 표창, 미국 대통령 부대 표창 등 여러 훈장을 수여받으셨으며, 1999년 12월 23일에는 아버지를 포함한 18인의 한국전 참전용사들이 두 개의 검이 교차된 형상의 특별 명예훈장을 수여받기도 하셨습니다.

아버지께서는 전쟁의 기억을 매우 또렷하게 간직하고 계셨습니다. 때로는 그 경험을 조용히 들려주시기도 했지만, 전장의 고통스러운 기억을 떠올리실 때면 늘 긴 침묵에 잠기셨습니다.

한 인터뷰에서 아버지께서는 이렇게 말씀하신 적이 있습니다.

"1951년 3월, 우리는 일명 '무인지대'라 불리는 전선 사이 지역을 정찰 중이었습니다. 우리와 적 사이의 그 위험한 땅에서 우리는 기습을 받았습니다. 끔찍했지요. 훈련소 시절 처음 만났던 가장 친한 전우가 그날 전사했습니다. 함께했던 시간만큼이나, 전우와는 깊은 유대감이 생기기 마련인데... 그렇게 갑자기 그 유대를 잃어버리게 되니 너무도 참담했습니다. 저는 아무것도 해줄 수 없었습니다. 그의 시신은 수많은 전사자들과 함께 그 자리에 남겨두고, 우리는 살아남기 위해 그곳을 떠날 수밖에 없었습니다(In March '51, we were on patrol in the no man's land, as they call it. That's the part of the front line between the enemy and us. We were under attack. It was terrible... My best comrade, someone I had met during training, was killed. Horrible... I can assure anyone that when you are stuck with each other for so long, a very close bond develops. It was broken just like that. And I couldn't have done anything about it. I had to leave his body, along with those of many others. We had to flee and that stays with you forever)."

귀국 후 아버지께서는 직업 군인의 길을 택하셨고, 1975년 1월 1일, 상사로 군 복무를 마무리하셨습니다. 은퇴 후에는 여러 단체의 이사로 활동하시며, 벨기에 내 한국전 참전용사들을 위한 봉사에 헌신하셨습니다. 1986년 6월 17일에는 벨기에한국참전용사회(Korea Belgian Veterans Association)로부터 감사장을 수여받으셨습니다.

한국전 참전용사였던 아버지는 2002년 2월 12일, 벨기에 빌젠에서 세상을 떠나셨습니다. 그의 아내 마리 테레즈 한센(Marie-Therese Hansen)은 2025년 2월 17일, 역시 빌젠(Bilzen)에서 그 뒤를 따르셨습니다.

미래를 향한 메시지

제 아버지의 헌신은 결코 헛된 것이 아니었습니다. 아버지께서는 대한민국의 자유와 해방을 위해 자신이 기여했다는 사실을 누구보다 자랑스럽게 여기셨습니다. 비록 전쟁이 끝난 후 다시 한국 땅을 밟으신 적은 없으나, 그 시절의 기억은 기쁨과 고통이 뒤섞인 채 마음 깊이 간직하고 계셨습니다.

함께 싸웠던 전우들과의 유대는 시간이 아무리 흘러도 결코 희미해지지 않았습니다. 저는 그 안에 오늘날 우리에게 주는 중요한 메시지가 담겨 있다고 믿습니다. 이처럼 혼란과 불확실성이 가득한 시대 속에서도, 우리는 때로 개인적인 위험을 무릅써서라도 지켜야 할 가치와 원칙에 끝까지 충실해야 합니다. 벨기에 군을 포함한 모든 군인들은 그러한 사명의 무게를 누구보다 잘 알고 있었습니다.

그러나 전쟁을 마치고 귀국한 참전용사들은 자신들의 헌신에 합당한 감사와 인정을 충분히 받지 못했습니다. 우리는 그때의 무관심을 되풀이하지 말아야 합니다. 앞으로 우리를 지키고, 또 타인을 돕기 위해 헌신하는 모든 이들에게는 그에 걸맞은 존경과 감사를 반드시 표해야 합니다. 진정한 감사는 기념일이나 행사의 형식에 머물러서는 안 됩니다. 일상 속에서도, 눈에 보이게, 그리고 지속적으로 이어져야만 합니다.

참전용사들의 희생을 기억하고, 그들의 봉사를 왜곡 없이 역사 속에 온전히 남기는 일은 우리 모두의 엄숙한 책무입니다. 자유를 위해 싸운 이들을 잊어버린 나라는, 결국 그들이 지키고자 했던 소중한 가치들마저 잃게 될 것입니다.

벨기에 한국전 참전용사
협회(KBVA) 감사장

구스타브 미셸 수르브론(아버지)을 포함한 벨기에 의용군단

필리핀 PHILIPPINES

참전 기간	1950년 9월 19일 ~ 1955년 5월
총 파병 인원	7,420명
지상군 구성	보병 전투단　　1개 부대 총 1,496명
유엔군 피해 현황	전사　　112명 부상　　299명 실종　　16명 포로　　41명 총계　　468명

한국전쟁 참전 기념비는 경기도 고양시 덕양구 관산동에 위치해 있습니다.

필리핀과 한국을 잇는
'카푸와' 함께하는 두 나라의 이야기

마틴 달링아이 시니어를 기리며

글쓴이

메리 엘렌 부로

Martin Dalingay Sr.
(마틴 달링아이 시니어)
상사

Mary Ellen Burro
(메리 엘렌 부로)
한국외국어대학교

자기소개

석사 학위 수여식 현장,
한국외대 미네르바홀
(2025년 2월)

제 이름은 매리 엘렌 부로(Mary Ellen Burro)이며, 한국에서는 장유미라는 이름으로 살아가고 있습니다. 저는 필리핀에서 태어나고 자랐지만, 제 삶과 정체성은 저의 할아버지, 마틴 달링아이 시니어(Martin Dalingay Sr) 원사께서 한때 목숨을 걸고 지키려 했던 이 땅, 한국과 깊은 인연으로 연결되어 있습니다.

2025년 2월, 저는 한국외국어대학교에서 국제개발학 석사 과정을 마쳤습니다. 이 학위는 단지 학문적 성취를 넘어, 한국이라는 나라와 저희 가족의 역사적 인연을 스스로 되짚는 여정이기도 했습니다. 그리고 이 여정은 제게 매우 개인적이고도 의미 있는 시간이었습니다. 할아버지의 희생이 아직도 이 땅 어딘가에서 메아리치고 있다는 것을 체감하면서, 저는 비로소 그분의 삶을 진심으로 이해하기 시작했습니다.

어린 시절, 저는 할아버지에 대한 이야기들을 어렴풋하게 들으며 자랐습니다. 한국전쟁에 참전하신 필리핀 군인이셨다는 사실 정도만 알고 있었고, 제가 태어나기 전 이미 세상을 떠나셨기에 그분을 직접 뵌 기억은 없었습니다. 그럼에도 불구하고 할아버지는 언제나 우리 가족에게 자랑스러우면서도 애틋한 존재로 남아 있었습니다.

할아버지께서 '한국 파견 필리핀 원정군(PEFTOK, Philippine Expeditionary Force to Korea)'의 일원이셨다는 사실, 그리고 그 전쟁이 우리나라의 전쟁은 아니었지만 한국을 위해 싸우셨다는 이야기들은 늘 저의 마음을 붙잡았습니다. 전쟁에서 돌아오신 뒤에는 전과는 달라지셨다는 어른들의 이야기들도 기억에 남아 있지만, 어린 시절의 저에게 그 의미는 쉽게 다가오지 않았습니다.

그러나 한국으로 와서 직접 살아보며, 조용히 전해졌던 이야기들과 말로 다 하지 못했던 기억들이 제 안에서 서서히 울려 퍼지기 시작했습니다. 그제야 저는 깨달았습니다. 할아버지의 삶은 단지 과거에 머물러 있었던 것이 아니라, 제가 살아가는 지금 이 삶 안에서도 이어지고 있었음을. 할아버지의 인생은 제가 상상했던 것보다 훨씬 더 깊고 강하게, 한국이라는 나라와 맞닿아 있었던 것입니다.

할아버지에게 전해 들은 전쟁 이야기

제가 들은 할아버지에 대한 이야기는 언제나 조각난 퍼즐 같았습니다. 전쟁에 대해 직접적으로 말씀하신 적은 거의 없으셨지요. 어쩌면 그 기억이 너무도 고통스러웠기 때문이었을지도 모릅니다. 혹은, 말없이 고통을 견뎌내는 그 세대 특유의 침묵 때문이었을지도요.

어머니의 말에 따르면, 어릴 적 할아버지는 집 안에서 종종 '아리랑'을 흥얼거리셨다고 합니다. 당시 어머니는 그 노래의 의미를 알지 못했고, 그저 이름 모를 외국의 노래쯤으로 여겼다고 합니다. 그런데 훗날, 제가 한국에 와서 처음 그 같은 멜로디를 들었을 때, 그 노래는 더 이상 낯선 곡이 아니었습니다. 그것은 상실과 그리움의 언어였고, 할아버지께서 싸우셨던 땅과 그곳의 사람들에게 바치는 조용한 헌사처럼 느껴졌습니다.

그때 저는 생각했습니다. 그 노래 안에는 혹시 잃어버린 전우들의 기억이, 처절했던 전투의 잔상들이, 아니면 한국 어딘가에 남겨진 할아버지 자신의 일부가 담겨 있었던 건 아닐까 하고요. 하지만 전쟁에 대한 이야기를 할아버지께 직접 들을 기회는 없었고, 가족들 또한 그 기억을 꺼내는 데 조심스러워했습니다. 대신, 어머니의 오래된 기억 속에 남아 있던 조용한 장면들을 통해, 우리는 할아버지의 전쟁을 어렴풋이 짐작할 수 있었습니다. 이를테면, 낡은 전우들의 사진을 바라보며 마치 아무도 볼 수 없는 것을 응시하듯 깊은 눈빛을 머금으시던 모습처럼요.

한국에서 살아가면서 저는 깨달았습니다. 이러한 기억은 할아버지 한 사람만의 것이 아니었다는 사실을요. 한국전쟁에 참전했던 수많은 군인들이 전장에서의 경험을 가슴속 깊이 묻은 채, 말없이 살아가고 있었습니다. 그리고 할아버지께서 얻은 것은 단지 눈에 보이는 상처만이 아니었습니다. 말로 표현되지 않았던, 그러나 결코 사라지지 않았던 고통도 함께였지요.

저는 종종 생각하게 됩니다. 할아버지께서는 아마도 PTSD, 즉 외상후 스트레스 장애를 겪고 계셨던 건 아닐까 하고요. 당시에는 그 이름조차 제대로 알려지지 않았고, 치료 또한 이뤄지지 않았던 시절이었습니다. 확실히 단정할 수는 없지만, 이유 없이 격한 감정에 휩싸이셨던 순간들, 혼자 깊은 침묵에 잠기신 채 쉽게 다가갈 수 없던 모습들을 떠올려 보면, 전쟁은 결코 할아버지 안에서 끝나지 않았다는 생각을 떨칠 수 없습니다.

전쟁이 맺어준 필리핀과 한국의 인연

한국전쟁에 참전한 필리핀 군인들은, 자신들보다 훨씬 더 큰 사명의 일부였습니다. 1950년 6월 25일 북한의 남침으로 전쟁이 발발하자, 필리핀 정부는 유엔군의 일원으로서 즉각 한국을 지원하기로 결정하고 병력을 파병했습니다. 이 전쟁은 필리핀도, 한국도 원치 않았던 비극이었지만, 두 나라는 운명처럼 이 낯선 전장에서 나란히 서게 되었습니다. 필리핀 군인들은 단지 타국의 자유를 위한 싸움을 선택한 것이 아니라, 한국인 형제자매들과 함께 어깨를 맞댄 것이었습니다.

그 결정은 단순한 외교적 선택이 아니었습니다. 그것은 필리핀의 핵심 가치 중 하나인 '카푸와(kapwa)'의 실천이었습니다. '카푸와'란 우리 모두는 서로 연결되어 있으며, 타인의 고통 또한 결국 우리의 것이라는 깊은 믿음에서 비롯된 연대의 정신입니다. 필리핀 정부의 파병 결정은 바로 이러한 인간애와 상호 책임의식이 구체화된 행동이었습니다.

그런 의미에서 필리핀 병사들은 낯선 땅에 파견된 이방인이 아니었습니다. 그들은 도움을 주는 존재가 아니라, 고난을 함께 나누는 가족처럼 여겨졌습니다. 참전은 단순한 전투의 경험을 넘어서, 세대를 뛰어넘는 우정과 형제애의 시작이었습니다. 말로 표현하지는 않으셨지만, 저희 할아버지 또한 이 '카푸와'의 정신을 품고 계셨습니다. 그는 단지 한국의 자유만을 위해 싸우신 것이 아니라, 인간의 존엄성과 서로를 향한 존중을 지키기 위해 헌신하신 것입니다.

전역한 마틴 달링가이 시니어

군 입대 초창기, 친구(왼쪽)와 함께한 마틴 달링가이 시니어(오른쪽)

비록 필리핀과 한국 사이의 전우애는 널리 알려져 있지 않고, 자주 조명되지도 않지만, 그 안에는 희생과 연대, 그리고 깊은 상호 존중의 정신이 여전히 살아 있습니다.

전쟁 중, 필리핀 군인들은 가장 치열하고 혹독했던 전투들에 투입되었습니다. 그 중에서도 경기도 연천의 율동 전투와 이리고지 전투는 대표적인 사례입니다. 압도적인 중공군 병력에 맞서 끝까지 진지를 사수했던 율동, 그리고 참호전이 벌어진 고지에서의 처절한 싸움 속에서도, 필리핀 병사들은 사명을 다했습니다. '카푸와'의 정신은 바로 그들을 끝까지 버티게 한 힘이었습니다.

1953년 정전 협정 이후 병사들은 고국으로 돌아왔지만, 그들이 겪었던 전쟁은 결코 그들 안에서 끝나지 않았습니다. 한국은 재건을 시작하며 참전용사들의 희생을 기억하고 그 정신을 기렸지만, 필리핀에서는 많은 용사들이 아무런 인정도 받지 못한 채, 조용한 고통 속에서 살아가야 했습니다.

희생의 대가

할머니는 종종, 전쟁 후 할아버지가 완전히 다른 사람이 되었다고 말씀하셨습니다. 너무 많은 것을 보고, 너무 깊은 고통을 겪으셨기에, 감당하기 벅찼던 것이지요. 몸은 무사히 고향으로 돌아오셨지만, 마음은 여전히 한국 어딘가에 남겨져 있었던 듯했습니다. 어머니는 어린 시절, 종종 말없이 긴 침묵에 잠긴 아버지의 모습을 기억하신다고 했습니다. 멍하니 허공을 바라보며, 아무도 알 수 없는 먼 세계에 계신 듯한 눈빛으로요.

당시에는 '트라우마'라는 단어조차 생소했고, PTSD라는 개념은 존재하지 않았습니다. 군 내부에도 병사들의 내면의 상처를 보듬어 줄 어떤 체계도 마련되어 있지 않았습니다. 그래서 할아버지는 그 고통을 누구에게도 내보이지 않은 채, 조용히, 묵묵히, 가슴 깊이 안고 살아가실 수밖에 없었습니다.

저는 그 고통에 대해 직접 들을 기회는 없었지만, 가족이 기억하는 조용한 순간들, 사소한 단편들 속에서 그 깊이를 어렴풋이나마 짐작할 수 있었습니다. 예를 들면, 오래된 전우들의 사진을 바라보시던 그 눈빛. 말을 걸 수 없을 만큼 멀리 가 계셨던 듯한 침묵의 시간들. 그것이 제가 아는 할아버지의 전쟁이었습니다.

그로부터 수십 년이 흐른 어느 날, 저는 한국의 전쟁기념관을 방문하게 되었습니다. 그리고 그곳에서, 저는 처음으로 할아버지의 이야기가 단지 우리 가족만의 것이 아니라는 것을 깨달았습니다. 필리핀 참전용사들의 이름이 새겨진 비 앞에 서서, 손끝으로 그 이름 하나하나를 더듬으며, 저는 그분들이 한국이라는 땅에 남긴 깊은 흔적을 비로소 실감했습니다. 그곳에서 그들은 잊히지 않고, 고이 기억되고 있었습니다.

그 순간, 저는 말로 다할 수 없는 감정에 휩싸였습니다. 가슴 깊은 자랑스러움과 함께, 한편으론 깊은 안타까움이 밀려왔습니다. 그렇게도 용감했던 이들이, 정작 고국에서는 얼마나 쉽게 잊혀졌는지를 떠올리면서요. 한국에서는 그들의 이름이 새겨졌지만, 필리핀에서는 그들의 이야기가 지워지고 있었던 것입니다.

할아버지의 발자취를 따라 걷다

한국에서 지내며, 저는 이 땅의 역사와 사람들, 문화를 배우는 과정 속에서 깊은 정서적 유대감을 느끼게 되었습니다. 한국은 저에게 단순히 학업을 위해 찾아온 나라가 아니라, 할아버지께서 한때 걸으셨던 발자취가 아직도 살아 숨 쉬는 곳이었기 때문입니다.

한국전쟁은 이제 저에게 먼 과거의 사건이 아니라 매우 개인적인 이야기로 다가왔습니다. 수십 년의 시간이 흐른 뒤이지만, 제가 걷는 이 길 위에는 언제나 할아버지의 발걸음이 함께 했습니다. 할아버지가 다녔던 거리들은 이제 저에게도 익숙한 풍경이 되었고, 그분이 마음에 품으셨던 이야기는 저의 가슴 속에서 차곡차곡 펼쳐지기 시작했습니다.

전쟁의 폐허 위에서 한국이 일어나 오늘날의 번영을 이루기까지의 역사를 배우면서, 저는 우리 가족의 이야기가 한국의 역사와 생각보다 훨씬 깊이 연결되어 있음을 깨달았습니다. 할아버지는 비록 직접 미래를 마주하지는 못했지만, 한 나라의 내일을 위해 헌신하셨습니다. 그리고 그 희생은 단지 한국뿐만 아니라 필리핀의 미래에도 큰 영향을 끼쳤다고 믿습니다.

이 희생과 명예, 그리고 연대의 유산은 제가 매일 마음에 새기며 살아가는 삶의 지표가 되었습니다.

책임지고 기억해야 할 일

비록 할아버지께서는 인정받기를 원하지 않으셨고, 필리핀 내에서도 그 희생이 널리 알려지지 않았지만, 저는 그 기억을 지키는 일을 제 사명으로 삼고 있습니다. 한국전쟁에 참전한 필리핀 군인들의 이야기는 반드시 전해져야 할 소중한 이야기이며, 결코 잊혀져서는 안 됩니다.

2023년 여름, 한국 궁 앞에서 한복을 입고

필리핀의 한국전 참전은 종종 간과되지만, 수많은 병사들이 한 번도 가보지 못했던 낯선 땅을 위해 목숨을 바쳤고, 이후에는 조용한 고통 속에 살아야 했습니다. 필리핀 사람으로서 저는 제 할아버지의 희생을 기억하는 것뿐 아니라, 필리핀과 한국을 잇는 '카푸와' 정신을 세상에 알리는 책임을 깊이 느낍니다.

이 이야기를 나누는 일은 단지 참전 군인들뿐만 아니라, 그 뒤를 이어 살아가는 우리 모두를 기리는 일입니다. 우리 안에 숨 쉬는 '카푸와' 정신은 국경과 시간, 갈등을 뛰어넘는다는 진리를 전하기 위함입니다.

할아버지의 전쟁이 저 개인의 전쟁은 아니었지만, 그 역사는 제 마음 깊은 곳에 남아 있습니다. 그리고 그 역사는 우리 모두에게 이어져 있습니다. 저는 이 여정을 멈추지 않고, 앞으로도 할아버지의 기억을 지켜 나갈 것입니다. 그것은 단지 우리 가족만의 이야기가 아니라, 피와 희생으로 맺어진 두 나라가 함께 간직해야 할 소중한 역사입니다.

역사를 이어가며:
이야기의 다음 장을 써 내려가다

프란시스코 P. 엔코미엔다를 기리며

글쓴이

아만간 준신

Francisco P. Encomienda
(프란시스코 P. 엔코미엔다)
상사

Joon Shin Encomienda Amangan
(아만간 준신)
국민대학교

자기소개

2024년, 한국에서의 신준 엔코미엔다 아망간

저는 필리핀 출신 아만간 준신(Amangan Joon Shin)입니다. 이 글은 한국전쟁 참전용사이신 고(故) 프란시스코 P. 엔코미엔다(Francisco P. Encomienda) 상사(MSgt)였던 저의 할아버지를 기리기 위해 작성하였습니다.

현재 저는 대한민국 서울에 거주하며 국민대학교에서 사회문화심리학 석사 과정을 밟고 있습니다. 또한, 아세안-한국센터(AKC) 산하 학생 단체인 아세안 청년 네트워크 코리아(AYNK)의 회장으로 활동하고 있습니다. 본 단체는 아세안 회원국과 대한민국 간의 관계 증진 및 강화를 목표로 하고 있습니다.

가족으로서 한국전쟁과 맺은 인연뿐 아니라, AYNK 활동을 통해서도 한국과 깊은 유대감을 쌓아가고 있습니다. 이러한 두 인연 덕분에 저는 한국전쟁 당시 유엔군으로 참전한 16개국 참전용사들의 후손 중 한 명으로 선정되어 각국 조부들의 이야기를 전할 수 있는 영광을 누리게 되었습니다.

다만, 이 글은 저 자신에 관한 이야기가 아니라, 저의 할아버지인 상사 엔코미엔다의 삶에 초점을 맞춘 전기적 기록임을 말씀드립니다. 본 문서에는 그가 한국전쟁 전·중·후에 겪은 경험이 담겨 있습니다.

전쟁 이전부터 이어진 인연

먼저, 필리핀 공화국과 대한민국 간의 굳건한 동맹 관계에 대해 말씀드리고자 합니다. 두 나라는 일제강점기의 아픈 역사를 함께 공유하고 있습니다. 필리핀은 3년간 일본의 식민 통치를 겪었고, 한국은 35년이라는 더 긴 기간 동안 일본의 지배를 받았습니다. 일본이 유엔군에 의해 패배한 이후, 양국은 각각 독립을 이루었습니다. 필리핀은 1946년에 독립을 선언하였으며, 대한민국은 1948년에 정부를 수립하였습니다.

미국의 지원을 받아 독립의 길을 걸어온 공통된 경험을 바탕으로, 필리핀과 한국 간의 외교 관계 수립은 자연스러운 흐름이었습니다. 특히 필리핀은 전 세계에서 다섯 번째로, 동남아시아 국가 중에서는 최초로 대한민국을 공식 승인한 나라였습니다. 양국 간의 공식적인 외교 관계는 1949년 3월 4일에 체결되어 오늘날까지 이어지는 깊은 우정과 협력의 출발점이 되었습니다.

필리핀–대한민국 간 끈끈한 관계는 한국전쟁 중에 본격적으로 시작되었습니다. 당시 필리핀은 일제강점기에서 벗어나 회복 중이었음에도 불구하고, 대한민국을 지원하기 위해 군대를 파견하였으며, 이는 양국 간의 깊은 유대감을 반영한 자연스러운 결정이었습니다.

한국전쟁이 발발했을 때, 제4차 유엔 총회 의장이었던 카를로스 롬룰로(General Carlos Romulo) 장군은 유엔군 개입을 이끌어내는 데 중추적인 역할을 하였습니다. 저명한 필리핀 장군이기도 한 롬룰로 장군은 대한민국에 대한 군사 지원을 강력히 촉구하였고, 그의 열정적인 호소는 유엔 안전보장이사회 결의 83호 채택으로 이어져 한반도에서 유엔군의 군사 행동을 승인받는 데 결정적인 기여를 하였습니다.

이에 필리핀 정부의 최고사령관이었던 엘피디오 퀴리노(Elpidio Quirino) 대통령은 필리핀군의 한국 및 유엔군 지원을 위한 동원령을 발표하였습니다. 전국적으로 군 복무 소집이 이루어지며 젊은 필리핀 병사들의 자원 참여가 급증하였고, 필리핀은 유엔 회원국 중 세 번째이자 아시아 국가 중 최초로 한국을 지원한 나라가 되었습니다. 이로써 '한국에 파견된 필리핀 원정군(PEFTOK)'이 창설되었습니다.

PEFTOK은 한국전쟁 기간 여러 전투에서 큰 활약을 펼쳤으며, 그 중 가장 두드러진 공적은 1951년 4월 22일 경기도 연천 북부에서 벌어진 율동전투입니다. 당시 약 4만 명

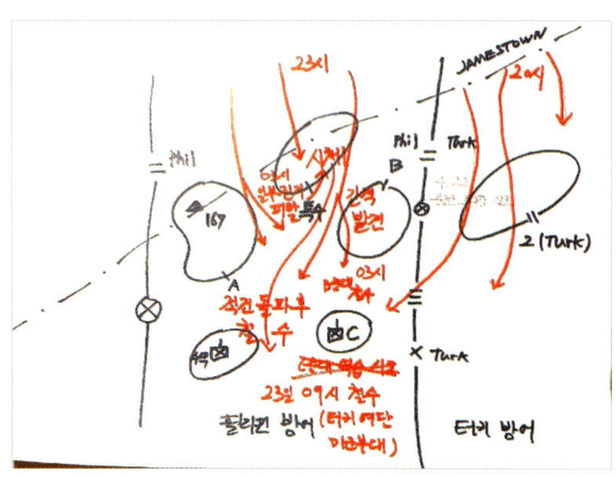

1951년 율동전투 전술 배치도
「율동전투-07」 조현우 9930 작, © 2020

　　한국전쟁 유엔 참전용사 이야기

에 달하는 대규모 중공군에 맞서, 900명 규모의 PEFTOK 10대 전투중대(BCT)는 굳건히 진지를 사수하였습니다. 수적으로 크게 열세였음에도 필리핀 병사들은 흔들림 없는 투지로 수차례의 적 공격을 격퇴하며 큰 피해를 입혔습니다.

이 강력한 저항은 중공군의 춘계 공세를 저지하고 유엔군 전선을 안정시키는 데 결정적인 역할을 하였으며, 더 나아가 중공군이 대한민국을 완전히 정복하고 유엔군 사령부를 붕괴시키려 했던 야심을 좌절시키는 계기가 되었습니다.

이 이야기 속 진정한 영웅

저의 할아버지는 1932년 7월 24일, 필리핀 누에바에시하 주 쿠야포(Cuyapo, Nueva Ecija)에서 태어나셨습니다. 농장에서 자라신 할아버지는 학업 성적이 매우 우수하여 늘 우등생 명단에 오르곤 하셨습니다. 어느 날 친구들과 체커 게임을 두고 있던 중, 군 모집이 진행 중이라는 소식을 접하게 되었습니다. 부모님의 만류에도 불구하고, 할아버지는 익숙한 고향을 뒤로한 채 마닐라(Manila)로 향하였고, 결국 군에 자원입대하셨습니다.

1952년, 프란시스코 P. 엔코미엔다 중사

당시 스무 살의 청년이었던 할아버지는 조국에 대한 사명감과 가족의 자랑이 되고자 하는 마음으로 군복을 입으셨습니다. 처음에는 필리핀 육군에 입대하셨고, 이후 필리핀 공군으로 전속되었으며, 곧이어 '한국에 파견된 필리핀 원정군(PEFTOK)' 산하 제19 전투대대(BCT)에 배속되었습니다. 할아버지와 소대원들은 1952년 한국에 파병되었으며, 그들이 속한 제19전투대대는 PEFTOK 부대 중 최초로 '대한민국 대통령 부대 표창'을 받는 영예를 안았습니다. 이 부대는 또한 미군 제10군단으로부터 전투 표창도 수여받았습니다.

할아버지의 전문 분야는 무선통신 기술이었기에, 주요 임무는 통신 장비를 운용하여 주변 아군과의 연락을 유지하는 일이었습니다. 그리고 소대원들과 함께 직접 전장에 나서, 한국전쟁 최전선에서 용감히 싸우셨습니다.

다행히 큰 부상 없이 한국전쟁을 마치고 필리핀으로 귀환하셨으며, 군 복무를 이어가셨습니다. 1965년에는 저의 할머니이신 베아트리즈 가비나 엔코미엔다(Beatriz Gavina Encomienda)와 결혼하시고, 슬하에 저의 어머니와 외삼촌을 두셨습니다. 시간이 흐르며 가족은 점차 늘어 아홉 명의 손주도 보셨습니다.

조국에 대한 흔들림 없는 헌신은 30년이 넘는 군 복무로 이어졌으며, 1982년 52세의 나이에 상사 계급으로 영예롭게 전역하셨습니다. 이는 젊은 시절 조국의 부름에 응답하며 보여준 용기의 결실이었습니다.

제가 할아버지를 뚜렷이 기억하기엔 너무 어려 어렸지만, 방 안에서 커다란 라디오 장비를 만지작거리시던 모습은 지금도 선명히 떠오릅니다. 전쟁 당시 아군 간 중요한 통신을 책임지셨던 무선 기술병이셨던 만큼, 자연스러운 모습이었을 것입니다. 할아버지 덕분에 저희 가족은 NATO 음성 알파벳과 모스 부호를 일상처럼 접하게 되었고, 저와 형제들은 알파벳 글자에 해당하는 부호를 얼마나 기억하는지 내기를 하며 즐거운 시간을 보내기도 했습니다.

말년에도 할아버지는 일정한 생활 습관을 지키셨습니다. 해가 뜨기 전 새벽에 일어나 동네 빵집에서 갓 구운 판 데 살(pan de sal, 소금빵)을 사 오셨고, 계란과 핫도그를 곁들인 아침 식사를 손수 준비해 주셨습니다. 종종 핫도그를 태우시던 모습도 생생히 기억납니다. 겉이 바삭하게 구워져 오히려 더 맛있게 느껴졌던 기억이 있습니다.

1952년, 한국전쟁 당시 할아버지의 소대

1953년, 한국에서의 할아버지

1979년, 엔코미엔다 가족

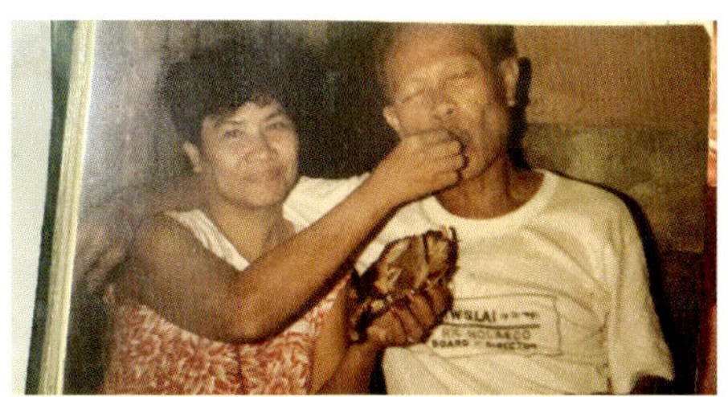

1995년, 할아버지와 할머니

2005년, 엔코미엔다 가문의 삼대

표현이 많지 않으셨지만, 이러한 조용한 일상의 배려 속에 가족에 대한 깊은 사랑이 담겨 있었습니다. 그러나 역설적이게도, 그 사랑의 중심이었던 부엌에서 비극적인 사고가 발생하였습니다. 평소처럼 아침 식사를 준비하시던 중 뜨거운 기름이 다리에 쏟아지면서 건강이 급격히 악화되었고, 결국 그 사고가 돌아가시는 원인이 되었습니다.

파란만장의 삶을 사셨던 할아버지께서는 2009년 1월 17일 77세로 생을 마감하셨습니다. 이후 필리핀 타기그시(Taguig, Philippines)에 위치한 '리빙안 응 마가 바야니(Libingan ng mga Bayani)', 즉 '영웅들의 묘지'에 안장되어 영예로운 마지막을 맞으셨습니다.

이어지는 역사

　누군가 영웅적인 삶을 살고 세상을 떠난 뒤, 우리에게는 늘 한 가지 질문이 남습니다. '그다음 이야기는 누가 이어갈 것인가?' 저는 그에 대한 가장 큰 헌사는 그들의 정신을 우리가 계승하여, 그들이 품었던 용기와 사명을 마음에 새기고 우리의 삶 속에서 실천하는 것이라 믿습니다. 저희 가족은 할아버지께서 걸으신 길을 따라가야 한다는 사명감을 안고 살아왔습니다. 그 길을 계속 걸어가는 것이 남겨진 이들의 몫임을 우리는 잘 알고 있었습니다.

　가장 먼저 그 길을 따라간 이는 외삼촌이었습니다. 할아버지와 마찬가지로 필리핀 공군에 입대하여 군인의 길을 걸으셨으며, 2011년부터 2012년까지는 시리아 골란고원에 파견된 유엔 평화유지군(UNDOF: United Nations Disengagement Observer Force)의 일원으로 평화 사명에 헌신하셨습니다. 이후에도 꾸준히 군 복무를 이어가셨고, 2022년에 명예롭게 전역하셨습니다.

2010년, 할아버지의 묘비

2012년, 시리아에서의 외삼촌

어머니는 또 다른 방식으로 할아버지의 뜻을 이어가고 계십니다. PEFTOK 참전용사협회(PVAI)의 이사로서, 참전용사와 그 유가족을 돕는 데 헌신하시며, 현재는 우리 손주 세대가 할아버지들의 살아 있는 역사를 함께 써 내려갈 수 있도록 격려하고 이끌어 주고 계십니다.

그리고 이제는 제 남동생이 그 대를 이어가고 있습니다. 할아버지와 외삼촌의 용감한 삶에 깊은 감명을 받은 그는 최근 필리핀 공군에 입대하여, 저희 가족이 이어온 자랑스러운 역사의 다음 장을 힘차게 써 내려가고 있습니다.

저는 현재 한국에서 사회문화심리학 석사 과정을 밟고 있습니다. 학업 외에도, 한국전쟁 당시 할아버지께서 보여주신 헌신을 널리 알리기 위해 다양한 청년 프로그램과 강연 활동을 통해 그의 이야기를 전하고 있습니다. 또한 이곳 한국에서 저와 같은 뜻을 가진 한국전쟁 참전용사의 손주들과 만나 교류하며, 각자의 자리에서 긍정적인 변화를 만들어 가는 뜻깊은 기회도 갖고 있습니다.

2018년, PVAI 엠블럼

2024년, 한국에서의 어머니

각자의 재능으로 만드는 더 나은 미래

저희 할아버지께서는 평화를 향한 간절한 마음으로 군에 입대하셨습니다. 직접 전선에 나가 싸움으로써 평화에 기여할 수 있다고 굳게 믿으셨기 때문입니다. 그 뜻을 이어받아, 저희 외삼촌과 남동생 역시 같은 길을 걷고 군 복무를 선택했습니다. 어머니는 참전용사 가족들을 돌보며, 그 손주 세대에게 용기와 지혜를 나누는 일에 헌신하고 계십니다. 이처럼 평화롭고 더 나은 세상을 만드는 데는 다양한 길이 존재하며, 우리 모두는 각자가 지닌 재능과 강점을 통해 저마다의 역할을 할 수 있다고 믿습니다.

저는 학문에 대한 열정을 바탕으로 평화로운 세상을 만드는 데 기여하고자 한국에서 유학 중이며, 다문화가정을 전문적으로 연구하는 학자가 되는 것을 목표로 하고 있습니다. 필리핀과 일본 등 서로 다른 문화권 출신의 사람들이 국제결혼을 통해 한 가족으로 이어지는 모습을 직접 지켜보며, 문화적 장벽이 서서히 허물어지는 과정을 체험했습니다. 처음에는 역사적 상처에서 비롯된 갈등이 존재할 수 있으나, 시간이 흐르면서 혼혈 손주 세대가 긴장을 누그러뜨리고, 세대를 넘어 지속되어 온 반감을 차츰 해소하는 역할을 한다는 사실을 확인할 수 있었습니다. 저는 이러한 다문화가정이 보다 평화롭고 상호 연결된 세상을 만드는 데 중요한 역할을 할 것이

2024년, 한국에서 할아버지의 이야기를 전하며

라 확신합니다.

우리는 모두 서로 다른 재능과 관심사를 지닌 존재이지만, 공통된 바람이 하나 있습니다. 바로 우리가 가진 모든 것을 다음 세대를 위해 더 나은 세상을 만드는 데 쓰고자 하는 마음입니다.

한국전쟁 속에서 할아버지께서 감당하신 희생은, 오랜 시간이 지난 지금도 저에게 깊은 의미와 영감을 전해줍니다. 오늘날 우리가 누리는 평화는 바로 그분의 숭고한 희생 덕분임을 잊지 말아야 합니다. 그래서 저는 우리 모두가 자신의 재능을 헌신하여 사회를 위한 선한 영향력으로 나누기를 간절히 바랍니다. 그리고 늘 이 질문을 마음속에 품고 살아가길 바랍니다. "나는 후손들에게 어떤 모습으로 기억되고 싶은가?(How do I want my descendants to remember me?)"

오래전 할아버지께서 내리신 선택은 지금도 저희 삶에 깊은 영향을 미치고 있습니다. 때로는 아주 작은 행동 하나도 미래 세대에게 크나큰 영향을 끼칠 수 있다는 믿음을 저는 가지고 있습니다. 할아버지의 후손으로서, 저는 그 고귀한 헌신에 대해 깊은 자부심을 느낍니다.

우리 후손들의 가슴 속에 새겨질 이 자부심이야말로, 우리가 남길 수 있는 가장 소중하고 시간이 흘러도 결코 지워지지 않을 유산이 될 것입니다.

튀르키예 Türkiye

참전 기간	1950년 10월 19일 ~ 1971년 6월
총 파병 횟수	21,212회
지상군 구성	보병 여단 1개 병력 5,455명
유엔군 피해 현황	전사 900명 부상 1,155명 포로 244명 총계 2,299명

한국전 참전 기념비는 경기도 용인시 구성면 동백리에 위치해 있습니다.

할아버지의 과거,
대한민국과 함께할 나의 미래

사딕 아심길을 기리며

글쓴이
일라이다 아심길

Sadık Asımgil(사딕 아심길)
튀르키예 군인

Ilayda Asımgil(일라이다 아심길)
한국외국어대학교

자기소개

안녕하세요. 저는 일라이다 아심길(Ilayda Asimgil) 이라고 합니다. 터키 출신으로, 한국전쟁에 참전하신 할아버지의 후손으로서 그 사실을 늘 자랑스럽게 마음에 품고 살아가고 있습니다. 비록 전쟁이 끝난 훨씬 뒤에 태어났지만, 그 시절의 이야기와 희생은 항상 제 마음속 가까이에 자리해 왔습니다. 어릴 적부터 한국전쟁과 그 영향에 관한 이야기를 들으며 자라온 저는, 그 경험들이 제 조부모님의 삶뿐만 아니라 제 자신의 삶에도 얼마나 깊은 흔적을 남겼는지를 점차 깨닫게 되었습니다. 그리고 그 영향은 지금 이 순간에도 계속해서 제 삶 속에서 이어지고 있습니다.

현재 저는 한국에 거주하며, 독일과 튀르키예, 그리고 한국을 잇는 문화의 다리 역할을 수행하고 있습니다. 한국에서의 생활을 통해 한국과 한국 국민에 대한 저의 애정과 유대감은 한층 더 깊어졌습니다. 미디어, 대중 행사, 국제 교류 활동 등을 통해 과거가 현재를 어떻게 형성하는지, 그리고 '기억'이라는 것이 세대와 문화를 넘어 어떻게 서로의 이해와 공감을 이끌어내는지를 직접 체험하고 있습니다.

이 책은 단순한 역사 기록에 머무르지 않습니다. 저에게는 하나의 개인적인 여정이며, 참전용사였던 할아버지께 드리는 헌사입니다. 또한, 그분의 용기와 희생이 후손들의 삶을 통해 어떻게 이어져 가고 있는지를 되돌아보는 고백이기도 합니다. 이 이야기를 나눔으로써, 기억과 사랑, 그리고 유산을 통해 이어지는 강인함이 우리 모두의 내면에 살아 있음을 함께 느낄 수 있기를 진심으로 바랍니다.

우리는 결코 잊지 않을 것입니다.

2002년 한일 월드컵 당시
잠실종합운동장에서의 할아버지 모습

한국전쟁에서의 할아버지의 자랑스러운 이야기

1950년, 5,000명이 넘는 터키 군인들이 항구 도시 이스켄데룬(Iskenderun)에 모여 한국 부산으로 향하는 22일간의 여정을 시작했습니다. 가족들은 걱정과 아쉬움이 교차하는 얼굴로 이들을 배웅했지만, 군인들은 결연한 의지와 설렘을 안고 고향을 떠났습니다. 그 순간은 마치 한 편의 영화 속 한 장면과 같았는데, 바로 저희 할아버지께서 고향을 떠나시던 순간이기도 했습니다. 1929년 터키 메르신(Mersin)에서 태어나 이스켄데룬에서 이등병으로 복무하던 할아버지는, 북한의 남침에 맞서 남한을 지원하라는 명령을 받고 한국으로 출정하게 되셨습니다.

한국전쟁은 1950년 6월 25일 시작되어 1953년 7월 27일 휴전으로 마무리되었으며, 약 400만 명이 넘는 희생자를 낸 참혹한 전쟁이었습니다. 터키는 미국에 이어 두 번째로 유엔 안전보장이사회의 결의에 따라 한국에 군대를 파견한 나라였습니다. 그 부름에 용감히 응한 용사 중 한 분이 바로 저희 할아버지였습니다.

이후 저희 부모님은 독일에 정착하여 30년 넘게 그곳에서 생활하셨습니다. 매년 여름이면 가족과 함께 터키 메르신에 있는 친척들을 방문했으며, 할아버지는 늘 그곳에서 저희를 손꼽아 기다리셨습니다. 할아버지는 한국전쟁과 군 복무 시절의 이야기를 자주 들려주셨습니다. "그 나라는 절대 잊을 수 없어. 한국에서 보낸 시간은 아직도 꿈처럼 생생히 떠오른단다. 그곳 사람들은 참 따뜻하고, 생각하는 방식도 우리와 많이 닮았어."라고 말씀하셨지요.

2002년에는 FIFA 월드컵을 기념해 8일간 한국을 다시 방문하셨습니다. 그때 현대적이고 발전한 한국의 모습을 보시고 깊은 감명을 받으셨으며, 반세기 전 싸우기로 결심했던 자신의 결정을 무척 자랑스럽게 여기셨습니다. 할아버지는 2014년에 세상을 떠나셨지만, 그분의 이야기는 저에게 한국에 대한 깊은 애정과 관심을 심어 주었습니다.

1950년, 한 전쟁 이야기

할아버지의 일기에는 금양장리(현재 경기도 용인시 처인구 김량장동) 전투에 관한 기록이 남아 있습니다. 1951년 1월 26일, 압도적인 병력의 중공군과 터키 여단이 치열하게 맞붙었던 그 전투에 관한 내용입니다. 일기에는 다음과 같이 적혀 있었습니다.

"산과 숲속에서 중공군과 총격전을 벌였다. 동료들과 함께 총알이 날아오는 방향을 찾으려 애썼고, 두려움에 몸을 숙이며 쉴 새 없이 쏟아지는 총알을 피해 숨었다.

어느 순간, 헬멧을 고치고 있었는데, 총알 한 발이 헬멧에 맞고 튕겨 나가 내 상관의 손을 맞혔다. 그때 내가 헬멧을 고치지 않았다면 내 목숨도 위험했을 것이다. 재빨리 그의 손을 천으로 감쌌다. 이후 미군의 공중 지원 덕분에 적 차량들을 파괴하며, 폭격을 받은 폐허를 지나 앞으로 나아갔고, 평양에 도착해서는 전쟁의 참혹한 현실을 직접 목격했다.”

비록 전쟁의 참혹함은 컸지만, 할아버지께서는 좋은 추억도 함께 간직하고 계셨습니다. 음악을 사랑하셨던 할아버지는 동료들의 사기를 북돋기 위해 자주 연주하셨으며, ‘분위기 메이커’라는 별명도 받으셨다고 합니다. 한국전쟁 참전용사 마호멧은 일기에 이렇게 적었습니다.

“1950년 12월 31일, 새해를 맞이하며 캠프에서 칠면조 고기를 나누어 먹는 동안 사딕 아심길(Sadik Asimgil)의 음악을 들었다. 그 순간은 진정 행복한 시간이었다.”

이 글을 읽을 때마다 그 장면이 눈앞에 선명하게 떠오릅니다.

한국과 나의 첫 만남 그리고 첫걸음

터키 가족 모임에서는 언제나 파티가 가장 큰 즐거움이었습니다. 할아버지께서는 플루트를 연주하셨고, 아버지께서는 손북을 연주하셨으며, 어머니와 여동생 그

터키 메르신에서 할아버지의 모습 (2003)

할아버지 (사딕 아심길) (1950)

리고 저는 춤을 추곤 했습니다. 그 시간들은 저에게 매우 소중한 추억으로 남아 있습니다.

2018년, 저는 처음으로 서울을 방문하였습니다. 여행을 준비하던 중 삼촌께서 할아버지의 사진이 용산 전쟁기념관에 전시되어 있다는 사실을 알려 주셨습니다. 자랑스러운 마음과 호기심을 안고, 2018년 4월 그곳을 찾았습니다. NATO 동맹국 전시관에서 '터키, 혈맹의 나라'라는 문구를 보았습니다.

할아버지의 사진과 신문 기사를 발견했을 때, 저는 눈물을 흘릴 수밖에 없었습니다. 그때 한 박물관 안내원이 한국 방문객들에게 터키 군인들의 공헌을 설명하고 있었는데, 저는 할아버지 사진을 가리키며 한국어로 "저 분이 제 할아버지입니다"라고 자랑스럽게 말했습니다. 방문객들은 박수를 치며 제 손을 잡고 감사의 뜻을 전해 주었습니다. 그 순간은 평생 잊지 못할 소중한 기억으로 남아 있습니다.

할아버지 덕분에 저는 한국과 깊은 인연을 맺게 되었고, 그의 희생과 헌신은 제가 한국어를 배우고 문화를 이해하며 한국을 제 삶의 일부로 받아들이게 하는 큰 힘이 되었습니다. 고향에서 멀리 떨어져 있지만, 한국은 제 마음 속에 언제나 가까운 곳으로 자리하고 있습니다.

한국에서의 제 삶

한국에서 생활한 지 벌써 5년이 지났습니다. 그동안 개인적으로도, 직업적으로도 많은 성장을 이루었으며, 유튜브 콘텐츠 제작, 방송, 행사 진행 등 다양한 분야에서 꿈을 향해 꾸준히 노력해왔습니다. 저는 한국외국어대학교 대학원에서 국제관계를 전공하며 장학금을 받았고, 프리랜서로도 활동하고 있습니다.

2023년 5월, 부모님께서 '이웃집 찰스'라는 프로그램을 통해 처음으로 한국을 방문하셨습니다. 전쟁기념관에 전시된 할아버지의 사진과 부산 유엔기념공원의 터키군 묘지를 보시며 눈물을 흘리시는 부모님의 모습을 보면서 저 또한 깊은 감동을 받았습니다. 부모님께서는 제 한국에서의 삶을 자랑스러워하시며, 할아버지께서도 저를 매우 자랑스럽게 여기실 것이라고 말씀하셨습니다.

할아버지의 발자취를 따라

저는 한국전쟁 참전용사들과 그 후손들을 한국으로 초대하는 여러 프로그램에 적극 참여하고 있습니다. 이분들이 한국의 변화된 모습을 보고 자부심과 감동을 느끼는 모습을 보는 것은 정말 소중한 경험입니다. 또한 참전용사 후손들을 위한 캠프도 함께 기획해, 조상들이 싸웠던 나라 한국을 직접 방문할 기회를 마련하고 있습니다.

할아버지께서 걸었던 길을 따라가며 할아버지의 기억을 지키는 책임감을 깊이 느낍니다. 저의 사명은 할아버지를 비롯한 한국전쟁 참전용사들의 희생이 결코 잊히지 않도록 하는 것입니다.

앞으로의 꿈

저는 할아버지와 한국의 이야기를 전 세계에 알리고 싶어 국제관계를 전공하게 되었습니다. 오늘날 많은 젊은이들은 한국이 겪은 고난과 역사를 잘 알지 못합니다. "역사를 잊은 민족에게 미래는 없다"는 말처럼, 방송과 이야기 전파를 통해 할아버지의 유산을 기리고자 합니다. 낯선 나라에서 혼자 살아가는 것은 쉽지 않았지만, 그 덕분에 저는 더 강해졌습니다. 앞으로도 제 자신을 계속 발전시키고, 다른 이들에게 긍정적인 영향을 주는 사람이 되고 싶습니다.

"이웃집 찰스" KBS TV 프로그램 (2023)

아리랑 TV 유튜브 촬영 (2024)

할아버지께 보내는 편지

    할아버지께, 비록 할아버지는 이 세상에 없지만, 늘 제 마음속에 있어요. 할아버지 덕분에 제가 한국에 있을 수 있어요. 표현할 수 없을 만큼 많이 보고 싶습니다. 할아버지께 묻고 싶은 것도 많고요. 만약 우리가 바닷가를 손잡고 걸을 수 있다면 제 꿈을 모두 이야기해 드릴 텐데요. 몸은 멀리 있지만, 할아버지께서 하늘에서 저를 지켜보고 계시다는 걸 알고 있어요. 할아버지, 제가 너무 사랑해요. 무슨 일이 있어도 할아버지의 희생을 잊지 않을게요.

    손녀 일라이다 아심길 드림.

2022년 7월 27일 서울에서 열린 한국전쟁
유엔참전용사 기념 전국 행사

한국전쟁 참전용사 후손 캠프 (2023)

서대문형무소 역사관 추모 행사 주최
(2024)

한국전쟁 참전용사 재방문 프로그램 (2022)

기억의 돌, 우정의 기둥:
'코렐리 아흐메트' 아흐메트 샤흐나의 이야기

아흐메트 샤흐나를 기리며

글쓴이

에렌 일드름

Ahmet Şahna(아흐메트 샤흐나)
의무병 상병

Eren Yıldırım(에렌 일드름)
성균관대학교

자기소개

2023년, 서울에서 열린 튀르키예 공화국 수립 100주년 기념식에서

안녕하세요. 저는 현재 성균관대학교에서 정치외교학 박사 과정을 밟고 있는 에렌 일드름(Eren Yıldırım)입니다. 저는 학문적 여정을 이어가는 동시에, 가족이 소중히 간직해 온 저의 할아버지 아흐메트 샤흐나(Ahmet Şahna)의 한국전쟁 기억을 지키기 위해 힘쓰고 있습니다.

시련 속에 다져진, 할아버지의 어린 시절

할아버지는 터키 군인으로서, 조국에서 수천 킬로미터나 떨어진 이국땅에서 용기와 희생으로 희망의 불빛이 되어주셨습니다. 할아버지는 단순한 군인이 아니었습니다. 어려움 속에서 자라난 소년이자, 삶과 싸우며 굳건히 견뎌낸 청년, 그리고 전장에서 강인한 전사로 성장한 인물이었습니다.

할아버지는 1932년 터키 아르트빈(Artvin) 주의 외딴 산골 마을인 유수펠리(Yusufeli)에서 태어나셨습니다. 어린 시절부터 인생의 냉혹한 현실과 마주해야 했지요. 할아버지의 가족은 오스만 제국 시절 러시아군의 침략으로 인해 고향 땅에서 쫓겨난 이들이었습니다.

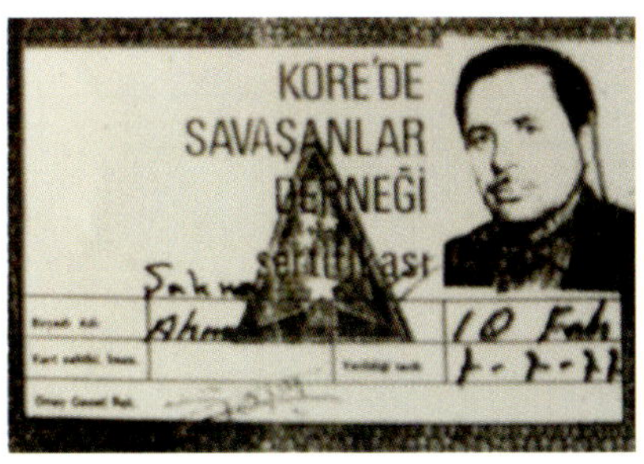

아흐메트 샤흐나의 한국전쟁 참전용사 협회 회원증
(1970년)

아흐메트 샤흐나의 청년 시절
(1958년)

할아버지는 다섯 살 때 아버지를 잃으셨고, 어린 나이에 짐처럼 느껴졌던 무거운 책임감이 할아버지의 성품을 형성하였습니다. 아버지 없이 자라면서 절제와 자립심, 부지런함을 배웠으며, 또래 아이들이 거리에서 뛰놀 때도 할아버지는 삶의 고난에 맞서 이겨내는 법을 익혀야 했습니다.

열다섯 살이 되던 해, 할아버지는 먼 마을의 제재소에서 일하기 시작했습니다. 작은 체구로 거대한 통나무를 옮기며 고된 노동과 배고픔을 견뎌냈지만, 결코 포기하지 않았습니다. 가족을 부양하기 위한 할아버지의 의지는 굳건했으며, 주말이면 약 20킬로미터를 걸어 어머니를 만나러 갔다가 다시 돌아오곤 했습니다. 어린 시절 쌓은 이러한 끈기와 인내는 이후 전장에서 가장 큰 힘이 되었습니다. 비록 가난하고 어려웠던 청년기였지만, 할아버지는 결코 흔들리지 않았습니다. 모든 고난은 할아버지에게 인내와 끈기, 그리고 역경 속에서 피어나는 강인함을 가르쳐주었습니다.

결단: 한국으로 향했던 할아버지의 여정

어느 날, 오래된 신문을 넘기던 할아버지의 눈에 "한국전쟁 발발"이라는 제목의 기사가 들어왔습니다. 그 아래에는 절망에 잠긴 여성과 아이들의 흑백 사진이 실려 있었습니다. 그 모습을 보며 할아버지의 마음 깊은 곳에 슬픔이 밀려왔습니다. 어린 시절의 힘들었던 기억들, 배고픔과 고통, 그리고 수많은 상실의 시간들이 떠올랐습니다. 그 얼굴들 속에서 자신의 과거를 보는 듯한 감정을 느끼셨지요. 깊은 감동과 결심이 할아버지의 마음을 사로잡았습니다. "반드시 한국전쟁에 참전해야 한다"는 굳은 의지가 생겼습니다.

곧 터키가 한국에 군대를 파견한다는 소식이 들려왔고, 할아버지는 망설임 없이 지원서류를 챙겨 병력 모집소로 달려갔습니다. 흥분된 마음으로 건강검진을 받기 위해 줄을 섰지요. 자신의 이름이 불리자 당당히 앞으로 나섰습니다. 그러나 의사는 검진도 시작하기 전 할아버지를 길게 바라보다가 연민 섞인 목소리로 물었습니다.

"아들아, 왜 한국에 가고 싶은 거니?(Son, why do you want to go to Korea?)"
목이 메인 채 할아버지는 힘겹게 한마디를 내뱉었습니다.

"무고한 아이들을 위해서요…(For the innocent children…)"

할아버지의 야위고 여윈 몸은 수년간의 고난을 말해주고 있었지만, 그 눈빛은 꺼지지 않는 불꽃과 같았습니다. 다만 몸무게가 48킬로그램에 불과해 의사는 고개를 저으며 말했습니다.

"너는 너무 마르다. 군대에 갈 수 없어(I cannot enlist you, son. You're too underweight)."

그 말은 할아버지의 가슴에 돌덩이처럼 얹혔지만, 그는 결코 포기하지 않았습니다. 불타는 눈빛을 잃지 않고 의사를 똑바로 바라보며 말했습니다.

"지휘관님, 이 임무를 무엇보다 원합니다. 시간만 주신다면 꼭 체중을 맞춰 보이겠습니다(Commander, I want this mission more than anything. Give me time, and I will reach the required weight.)"

잠시 침묵이 흘렀고, 군 관계자들은 그의 굳은 의지에 감탄하며 서로 눈치를 주고받았습니다. 마침내 한 사람이 말했습니다.

"6개월 동안 55킬로그램 이상을 만들어 오도록 해. 그 후에 다시 심사하겠다! (I'll give you six months to reach at least 55 kilograms. Then we'll see if you can be enlisted!)."

이 역시 또 다른 도전이었지만, 할아버지는 피하지 않고 정면으로 맞섰습니다. 그날부터 체중을 늘리는 데 온 힘을 쏟았고, 한국에 가는 것만 생각했습니다. 몇 달간 폭식을 이어갔으며, 일을 하는 동안에도 손에 음식을 들고 다녔습니다. 서서히 몸은 에너지로 가득 차기 시작했고, 6개월 뒤에는 58킬로그램의 건강한 모습으로 지휘관 앞에 섰습니다.

할아버지는 평생 그 순간을 자랑스럽게 기억

한국에서 군 복무 바로 전, 추억용으로 남긴 사진
(1952년)

하시며 말씀하셨습니다.

"내 인생에서 그때만큼 먹어 본 적이 없다! (Those six months were the only time in my life I ate so much!)"

그렇게 긴 여정이 시작되었습니다. 터키 전역을 기차로 횡단하며 고향을 떠난 할아버지는, 그 길 위에서 자신이 남기고 떠나는 삶과 불확실한 미래를 되새겼습니다. 진정한 도전은 이제부터였습니다. 30일간의 긴 바다 항해가 기다리고 있었지요. 배가 파도를 헤치며 흔들릴 때마다, 할아버지의 마음은 기대감으로 부풀었습니다.

마침내 부산항에 도착해 땅을 밟는 순간, 말로 다 할 수 없는 복잡한 감정이 밀려왔습니다. 단순한 전장이 아니라, 자신의 운명이 영원히 바뀔 수 있는 곳임을 직감하셨기 때문입니다.

의무병 하사로서 할아버지의 임무는 단순히 싸우는 것에 그치지 않고, 생명을 구하는 일이기도 했습니다. 처음 마주한 한국의 모습은 참혹했습니다. 파괴된 도시와 무너진 집들, 두려움에 떨며 거리를 헤매는 아이들이 눈앞에 있었습니다. 그러나 할

할아버지께서 터키-한국 우정의 밤 행사에 참석하신 사진

아버지는 슬픔에 잠기기보다 군인의 자세와 책임감으로 그 현실과 맞섰습니다. 감정만으로는 아무것도 바꿀 수 없다는 것을 알고 있었기 때문입니다.

수많은 밤을 새우며 부상병을 돌보았습니다. 한 명 한 명의 부상자가 할아버지의 인내를 시험했고, 그들을 살려낸 순간마다 조용한 승리의 기쁨이 되었습니다. 지휘관과 동료들은 할아버지의 헌신과 용기, 굳건한 의지를 깊이 존경했습니다.

위급한 순간마다 할아버지는 전쟁이 단순한 전략이나 영토 다툼이 아니라는 것을 깨달았습니다. 그것은 모든 것을 잃은 이들의 존엄을 지키고, 갈 곳 없는 이들에게 손을 내미는 일이었습니다. 한국은 할아버지에게 단순한 전장이 아니라, 자신의 발자국이 눈 속에 남고 기억이 바람에 실려 먼 곳까지 퍼지는 '두 번째 고향'이었습니다. 힘과 연민, 그리고 영혼의 일부를 바친 곳이었습니다.

전장의 너머: 할아버지와 한국의 지속된 인연

할아버지는 한국인들의 깊은 고통을 목도하며 마음속에 끈끈한 유대감을 품게 되셨습니다. 터키와 한국은 오랜 역사를 함께해온 인연이 있었지만, 한국전쟁을 겪으며 그 관계는 진정한 형제애로 굳건히 자리 잡았습니다. 터키로 돌아온 이후에도 그 인연은 사라지지 않았습니다. 주변 사람들은 할아버지를 "코렐리 아흐메트(한국인 아흐메트)"라 부르며, 참전용사들을 만날 때마다 눈물을 흘리며 반가운 마음으로 뜨겁게 포옹했다고 전해집니다.

할아버지는 전쟁과 관련한 어떤 금전적 지원도 끝내 받지 않으셨습니다. 이는 명예와 존엄, 그리고 참전용사로서의 자부심을 지키는 그의 방식이었습니다. 아무리 배가 고파도 그런 지원금은 받지 않겠다는 뜻을 여러 차례 강조하셨지요.

2002년, 한국 정부로부터 월드컵 참석을 위한 공식 초청장을 받으셨습니다. 할아버지는 그 편지를 너무 소중히 여겨 몇 달 동안 침대 옆에 두고 간직하셨지요. 그러나 시간이 흐르면서 또 다른 시련이 찾아왔습니다. 알츠하이머 병이 서서히 기억을 지워가기 시작했고, 심지어 가족들조차 잊기 시작했습니다.

그럼에도 놀랍게도 한국과 한국 사람들에 관한 기억만은 온전히 남아 있었습니다.

부산항과 서울의 거리, 전쟁터에서 마주한 모습들을 이야기할 때면 여전히 눈이 반짝였으며, 한국에서 먹었던 밥맛까지도 생생히 기억하셨습니다. 전쟁이 남긴 폐허와 아이들의 두려운 얼굴 또한 기억하셨지만, 동시에 TV를 통해 발전하는 한국의 모습을 자랑스럽게 지켜보셨지요.

할아버지는 만약 다시 한국을 방문할 수 있었다면, 전쟁터에서 사진을 찍었던 그 거리들을 평화롭게 걸어보고 싶다고 말씀하셨습니다. 그러나 병이 그것을 허락하지 않았습니다.

2015년 8월 4일, 할아버지는 깊은 희생과 용기, 그리고 우정의 유대를 마음에 남긴 채 영면에 들었습니다.

생의 마지막 몇 해 동안, 할아버지께서는 삶의 동반자인 아시예 샤흐나(할머니)와 함께 시간을 보내셨습니다 (2011년).

미래를 위해 할아버지께서 주신 교훈

　2018년, 제가 터키 정부의 장학생 자격으로 한국에서 공부할 기회를 얻었을 때, 할아버지의 마지막 소원을 이루고자 다짐했습니다. 전쟁의 영광을 미화하기보다 평화의 소중함을 마음 깊이 새기겠다고 말입니다. 한국에 오기 전, 할아버지의 묘소에서 작은 돌멩이 하나를 가져와 이 평화롭고 번영한 땅을 여행하며 할아버지의 이야기를 전하고 기억을 기리고 있습니다. 이 돌멩이가 터키와 한국 사이의 형제애를 더욱 굳건히 하고, 양국이 함께 지켜나갈 평화의 힘이 되기를 간절히 바랍니다.

　우리에게 한국은 단순한 나라가 아니라, 희생과 상호 존중을 바탕으로 맺어진 진정한 형제애의 상징입니다. 할아버지의 기억과 희생은 터키와 한국의 영원한 우정의 증표로 남을 것입니다. 언젠가 터키를 방문하게 될 여러분께도, 그곳에서 따뜻하게 맞이할 형제자매들이 기다리고 있다는 사실을 꼭 기억해 주시길 바랍니다.

　할아버지의 이야기는 단순한 병사의 희생을 넘어, 용기와 끈기, 그리고 깊은 인간애를 담고 있습니다. 가난 속에서 자라났지만, 낯선 이들에게 희망을 전하고자 했던 그의 결의는 믿음과 회복력의 힘을 증명합니다.

한국전쟁 이후 꼭 다시 보고 싶어 했지만 끝내 방문하지 못한 나라, 한국.
지금은 할아버지의 묘에서 가져온 한 조각의 돌이 할아버지의 뜻을
대신하여 한국 곳곳을 여행하고 있습니다. (2018년)

　이 이야기는 터키와 한국의 젊은 세대들에게 큰 영감을 줄 것입니다. 과거의 교훈이 어떻게 미래를 만들어 가는지, 전쟁의 한가운데 터키군이 한국 땅에 있었던 것은 운명과도 같은 연대였으며, 그 전쟁 속에서 피어난 우정이 지금까지 이어져 온 소중한 유산임을 보여줍니다.

　할아버지와 같은 많은 무명의 영웅들은 단순히 무기를 든 병사가 아니었습니다. 그들은 가장 어두운 시기에도 인간애를 지켰던 용감하고 자비로운 사람들이었습니다. 진정한 영웅은 전쟁이 아니라 평화를 위해 싸우는 이들이라는 점을 우리에게 일깨워 줍니다. 할아버지가 병이 깊어져도 한국과의 인연을 잊지 않고 먼 땅과의 이야기를 이어갔던 것은, 희생과 충성심의 강렬한 표현이었습니다.

　비록 전쟁이 국가 이익을 위한 것이었다 해도, 고통받는 것은 결국 평범한 사람들입니다. 할아버지는 한국을 낯선 땅이 아닌, 고통받고 희망하는 한 인간으로 바라보았습니다. 친절과 희생은 전투 그 자체보다도 오랫동안 기억될 것임을 알았습니다. 우리 역시 할아버지에게서 증오가 아닌 이해와 희망 위에 미래를 세우는 법을 배워야 할 것입니다.

할아버지의 노년기부터 중년까지를 담은 사진 모음 (2007년, 1989년, 1967년)

터키와 한국의 관계는 언어, 인종, 국경의 차이를 넘어 형제애가 모든 경계를 뛰어넘을 수 있음을 보여 줍니다. 우리는 전쟁을 견뎌낸 이들을 기리며, 자유를 지키기 위해 헌신한 모든 군인들의 노력을 잊지 않습니다.

평화를 물려받은 세대로서, 우리 자신과 우리 나라, 그리고 세계를 위해 평화를 지키고 싸워야 한다는 교훈을 함께 새기길 소망합니다. 터키 공화국의 창시자 무스타파 케말 아타튀르크의 말처럼, "국내에서의 평화, 세계의 평화!"가 이루어지길 간절히 바랍니다.

끝으로, 할아버지와 한국전쟁에서 목숨을 바친 모든 영웅들의 영혼이 평안히 쉬시기를 기원합니다. 이 소중한 기억들을 한데 모을 수 있었던 것은, 할아버지의 사랑하는 아내 아시예 샤흐나 여사와 자녀 레피카 윌드름, 빌게 샤흐나, 에르귄 샤흐나, 그리고 손주들의 아낌없는 도움 덕분임을 깊이 감사드립니다.

진심 어린 감사와 존경의 마음을 담아 이 글을 전합니다.

룩섬부르크 LUXEMBOURG

참전 기간	1951년 1월 31일 ~ 1953년 1월
총 파병 인원	100명
지상군 구성	보병 전투단 1개 부대 병력 48명
유엔군 피해 현황	전사 2명 부상 13명 총계 15명

한국전쟁 참전 기념비는 경기도 동두천시 상봉암동 산 48번지에 위치해 있습니다.

일기를 쓰던 군인,
장 스토펠

장 스토펠을 기리며

글쓴이
맥스 스토펠

Jean Stoffel(장 스토펠)
예비역 중위

Max Stoffel(맥스 스토펠)
룩셈부르크-한국 협회 사무총장

자기소개

　안녕하세요. 제 이름은 맥스 스토펠(Max Stoffel)이며, 한국전쟁 참전용사 장 스토펠(Jean Stoffel)의 막내아들입니다. 저는 룩셈부르크 대공국 수도인 가스페리히(Gasperich)지구에 거주하고 있습니다. 어린 시절, 한국은 저에게 매우 먼 나라였고, 제가 알고 있던 사실은 아버지께서 한국전쟁에 자원하여 참전하셨다는 것뿐이었습니다.

　안타깝게도 아버지는 제가 일곱 살이던 1973년에 돌아가셨지만, 그럼에도 저는 아버지에 대한 기억을 또렷이 간직하고 있습니다. 다만, 아버지께서는 한국에서의 경험에 관해 거의 말씀하지 않으셨습니다.

　2011년에 이르러서야 저는 아버지께서 1950년부터 1951년까지 자원병으로 복무하셨던 시기에 대해 깊은 관심을 갖게 되었습니다. 당시 룩셈부르크 군사박물관 소속한 팀에서 한국 국민을 돕기 위해 자원했던 100명의 룩셈부르크 참전용사들을 주제로 다큐멘터리를 제작하고자 저에게 연락을 주었고, 그때 아버지의 훈장과 임무 보고서, 그리고 몇 장의 사진이 담긴 자료를 처음 접하게 되었습니다.

　이후 2014년 어머니께서 세상을 떠나시고 집을 정리하던 중, 저와 가족들은 아버지의 일기장, 훈장들, 그리고 한국에서의 시간을 담은 수많은 사진들을 발견하게 되었습니다.

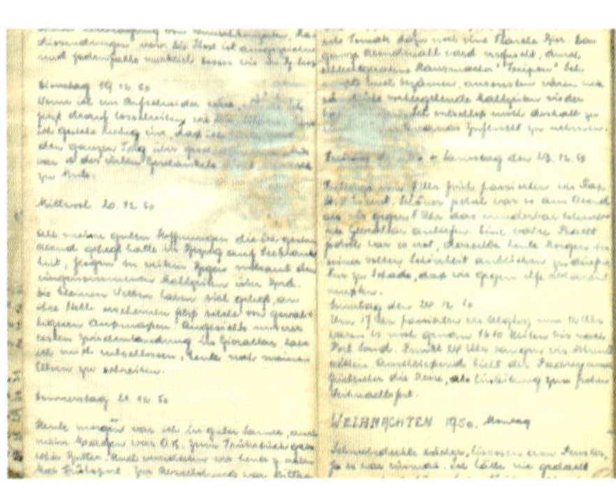

전쟁 중 아버지께서 쓰신 일기

기념식에서 대형 화면에 비친 아버지의 모습을 보며… 정말 벅찬 순간이었습니다! (2023년 9월)

2021년에는 룩셈부르크 국가 군사박물관장으로부터 연락을 받았습니다. 당시 한국전쟁 자원병들을 주제로 한 대형 전시를 준비 중이라 아버지에 대한 정보를 요청한 것이었습니다.

교사로서 저는 한번 관심이 생긴 주제에 대해 깊이 알아보는 성향이 있었기에, 아버지의 참전 경험과 한국이라는 나라에 대해 본격적으로 탐구하게 되었습니다.

그렇게 시작된 아버지의 전쟁 일기 프로젝트는 1년이 넘도록 꾸준히 이어졌고, 현재 그 베타 버전이 책으로 완성될 준비를 마쳤습니다. 이 일기는 총 200쪽 분량으로, 1950년 12월 18일부터 1951년 9월 30일까지 아버지께서 매일 기록하신 내용을 담고 있습니다. 프랑스어, 영어, 독일어, 한국어 등 네 가지 언어로 번역되었으며, 지도와 사진도 함께 수록되어 있습니다.

이 일기는 한 자원병의 경험을 생생하게 되살려 내는 동시에, 저에게는 아버지를 기리는 소중한 추모의 상징입니다. 자유를 위해 낯선 땅에서 용감히 싸웠던 100명의 룩셈부르크 자원병들의 이야기는 결코 잊혀져서는 안 됩니다. 이 기록은 그들의 용기와 헌신을 기리는 동시에, 역사의 한가운데에서 그것을 직접 목격한 이들의 목소리를 지켜내는 일의 중요성을 일깨워 줍니다.

아울러 이 일기는 디지털 버전으로도 출판될 예정입니다.

저에게 있어 첫 번째 큰 의미의 모험은 2023년 9월, 서울에서 열린 대한민국 육군 창설 75주년 기념식에 참석한 경험이었습니다. 앞으로 꼭 참여하고 싶은 프로그램 중 하나는 '한국 재방문 프로그램(Revisit Korea Program)'입니다.

룩셈부르크와 한국전쟁

전쟁기념관에서 (2023년 9월)

냉전 초기의 첫 대규모 충돌이었던 한국전쟁(1950~1953)은 룩셈부르크 대공국에게 국제 정세 속에서 명확한 입장을 취할 수밖에 없는 중대한 순간이었습니다. 룩셈부르크는 벨기에와 함께 유엔 사절단의 일원으로서 전투 병력을 파병하며 미국과 '자유 세계'에 대한 확고한 지지를 표명했습니다. 이 전투 병력 100명 전원이 자원병이었습니다.

룩셈부르크는 두 차례에 걸쳐 자원병을 파병했으며, 첫 번째 부대는 1950년 9월부터 1951년 9월까지, 두 번째 부대는 1952년 1월부터 1953년 1월까지 임무를 수행했습니다. 1차 파병 부대는 민간인 22명과 군인 21명으로 구성되었고, 2차 부대는 민간인 12명과 군인 34명으로 이루어졌습니다.

최종적으로 총 100명의 룩셈부르크 자원병이 한국전쟁에 참전하였으며, 그중 2명이 전사하고 13명이 부상을 입었습니다.

숫자로 보면 100명은 적게 느껴질 수도 있으나, 1950년 당시 룩셈부르크의 인구가 30만 명도 채 되지 않았고, 군 규모 또한 약 3천 명에 불과했다는 점을 감안하면 결코 작은 기여가 아니었습니다.

저는 아버지께서 왜 이처럼 위험한 임무에 자원하셨는지 정확히 알지 못합니다. 다만 당시 아버지께서는 부모님과의 갈등이 있었고, 한편으로는 진심으로 도움을 전하고자 하는 열망이 있었던 것으로 보입니다. 분명한 점은 아버지와 그 전우들이 모두 제2차 세계대전 시절 독일 점령 하에서 젊은 시절을 보냈다는 사실입니다. 1940년부터 1945년까지 룩셈부르크 국민들은 침략과 고통 속에서 공포를 경험했기에, 한 나라가 침략당했을 때 무엇이 필요한지 누구보다도 잘 알고 있었습니다.

1950년 한국을 돕기로 결정했을 때, 당시 창설된 지 얼마 되지 않은 룩셈부르크 군대를 즉시 파견하는 대신, 정부는 자원병을 모집하는 방식을 선택했습니다. 이에 350명이 넘는 지원자가 몰렸고, 그중 85명이 선발되어 두 개의 파병 부대가 조직되었습니다.

1950년 10월, 아버지와 동료 병사들의 모습

아버지의 이야기

앞서 말씀드린 대로, 아버지께서 왜 위험한 임무에 자원하셨는지는 저도 정확히 알 수 없습니다. 그러나 부모님과의 갈등과 진심 어린 도움의 의지가 그 배경이 되었으리라 생각합니다.

다행히도 아버지는 임무 기간 중 매일 소회를 기록한 작은 일기장을 남기셨습니다. 그중 일부를 소개해 드리겠습니다.

<u>1950년 12월 21일 목요일 – 카미나호(항해 기간: 1950.12.18 ~ 1951.01.31)</u>

아침부터 기분이 좋았고, 항해 속도도 꽤 안정적이었다. 아침 식사로는 진짜 버터가 나와 기분이 한층 더 좋아졌다. 오늘은 처음으로 아침 체조도 진행되었다. 점심은 조금 특별했는데, 탄 맛이 나는 수프와 생토마토, 그리고 맥주 한 병이 함께 나왔다. 하지만 저녁은 정말 실망스러웠다. 집에서 어설프게 만든 '트라이펜(Treipen)'이라는 블랙 푸딩이 나왔는데, 영국식 블랙 푸딩과는 전혀 달랐다. 구역질이 날 것 같았지만 간신히 삼켰다. 결국 파인애플 통조림으로 저녁을 대신하기로 했다.

<u>1951년 3월 18일 일요일 – 한강 근처 전투</u>

보프레 중위가 전사했다는 비보를 들었다. 그는 한 미국인 대위, 하사관, 그리고 베르하겐 중위와 함께 한강 건너편에서 작전을 수행하던 중 지뢰를 밟았다고 한다. 미군 하사관은 흔적조차 찾을 수 없었고, 대위와 중위는 일부 신체만 수습되었다고 들었다.

<u>1951년 4월 23일 월요일 – 임진강 "르 그랑 시르크(Le Grand Cirque, 대서커스)"</u>

오전 9시 30분경, 모든 준비가 마무리된 가운데 작전이 시작되었다. 가장 먼저 C중대가 접근해온 중공군을 사살했고, 10시쯤 전투는 본격적으로 격화되었다. A중대는 탄약이 소진될 때까지 전투를 계속 이어갔다. 우리가 건너온 임진강 다리는 이미 중공군에게 점령당한 상태였기에, 후퇴는 선택지조차 될 수 없었다.

새벽 6시, 정찰조가 다리를 확보하기 위해 파견되었으나, 살아 돌아온 병사는 극히 일부에 불과했다. 프랑크 대장은 화력을 보강하기 위해 직접 정찰조를 이끌고, 큰 피해를 입은 C중대 진지로 향했다. 그 사이 탄약 보급 차량 행렬은 중공군의 방어선을 뚫고 진격했고, 이 덕분에 C중대는 철수가 가능해졌다.

이 작전은 항공기나 전차의 지원 없이 감행되었으며, 늦은 오전에 도착한 전투기와 폭격기 두 대만이 유일한 공중 지원이었다. 이미 중공군이 C중대 진지를 점령한 상황에서 이들을 폭격하는 동안, 우리는 퇴각 준비에 돌입했다. 가장 필수적인 장비만을 챙긴 채, 우리는 임진강을 걸어서 건넜다.

중공군의 박격포 공격은 거세졌고, 후방을 맡은 병사들은 끝까지 남아 천막, 취사 장비, 치과용 기구, 수 톤의 탄약, 대형 배낭, 트레일러, 차량 등을 모두 파괴했다. 나의 플루트 역시 이때 함께 폭파되었다. 차량 행렬은 탱크의 엄호를 받아 적진을 돌파했고, 부조종수들은 가용한 모든 화력을 동원해 대응했다.

우리는 무거운 장비를 짊어진 채, 흠뻑 젖은 발로 약 10킬로미터를 행군한 끝에 트럭에 올라탈 수 있었고, 마침내 위험지역에서 벗어날 수 있었다.

한국에서 돌아온 후, 아버지는 다시 룩셈부르크 군에 복귀하길 희망하셨습니다. 그러나 BUNC(벨기에 유엔군단) 소속으로 임무를 수행하며 갈색 모자를 착용했던 이들, 소위 '브라운 베레(brown berets)'로 불리던 한국전 참전 병사들은 복귀 과정에서 여러 어려움에 부딪혔습니다. 그 별칭을 자랑스럽게 여겼던 참전 용사들은 종종 내부에서는 이방인이나 모험가처럼 여겨졌고, 일부 룩셈부르크 고위 장교들 사이에서는 이들을 달갑지 않게 보는 시선도 존재했습니다.

이러한 상황 속에서 아버지는 벨기에의 한 군사학교에 입학하게 되었고, 얼마 후 예비 장교로 룩셈부르크 군에 다시 합류할 수 있었습니다. 예비 장교로서 아버지는 독일 비트부르크(Bitbourg)에 처음 배치되었고, 이후 룩셈부르크의 발페르당(Walferdange) 병영에서 근무하셨습니다.

1954년, 아버지는 군 생활을 마무리하고 그해 8월 23일 결혼하셨습니다. 두 분은

관측소에서 땅을 바라보며 (1951년)

잠깐의 휴식을 취하시고
계시는 아버지와 뒤에 한국
어린이의 모습 (1951년)

소대원들에게 정보를 전달하는 모습 (1951년)

세 자녀를 두었고, 저는 막내로 1966년에 태어났습니다.

아버지는 룩셈부르크 정부에서 공무원으로 새로운 경력을 시작하셨습니다. 처음에는 교통부에 근무하며 운전면허 관련 업무를 담당하셨고, 1970년대 초에는 재무부로 자리를 옮기셨습니다. 안타깝게도 아버지는 협심증을 앓으셨고, 1973년 8월 23일, 결혼 19주년이 되는 날 급작스러운 심장마비로 세상을 떠나셨습니다. 아내와 어린 세 자녀를 남겨둔 채였습니다.

지금의 삶

지난 몇 년간 소중한 자료와 이야기들을 수집하며, 저는 룩셈부르크 참전용사 단체에서 보다 적극적인 역할을 맡기로 결심하였습니다. 교사로 일하는 본업 외에도, 현재는 자원봉사직으로 룩셈부르크–한국 협회의 사무총장을 맡고 있습니다. 이 역할은 저에게 큰 보람을 안겨 줍니다. 우리 협회는 이른바 '잊혀진 전쟁'이라 불리는 한국전쟁이 결코 잊혀지지 않도록, 그리고 소중한 참전용사들이 영원히 기억될 수 있도록 모든 노력을 기울이고 있습니다. 2026년 은퇴 후에는 아버지께서 1951년 2월 부산에서 서울까지 걸었던 그 길을 직접 따라가 볼 계획입니다.

독자 여러분께 드리는 개인적인 메시지

한국인은 감사와 공감으로 가득한 위대하고 따뜻한 민족입니다. 그들은 자신들이 받았던 도움에 대해 여전히 깊은 감사의 마음을 표현하고 있습니다. 전쟁 이후 보여 준 한국의 놀라운 회복력은 전 세계에 역사 기억의 중요성과, 한 나라가 어떻게 폐허 속에서 다시 일어설 수 있는지를 강하게 일깨워 주었습니다. 한국은 마치 불사조처럼 전쟁의 잿더미에서 다시 날아올랐으며, 그럴 수 있었던 것은 수많은 우방국들의 흔들림 없는 지원 덕분이었습니다. 대한민국과 한국의 문화, 그리고 국민들에게 깊은 존경심을 표합니다.

콜롬비아 COLOMBIA

참전 기간	1951년 5월 8일 ~ 1955년 10월
총 파병 인원	5,100명
지상군	보병 대대 1개 1,068명
해군	프리깃함 1척
유엔군 피해 현황	전사 213명 부상 448명 포로 28명 총계 689명

한국전쟁 참전 기념비는 인천광역시 서구 가정동에 위치해 있습니다.

칼리에서 서울까지:
할아버지의 유산을 품고

산티아고 가오나 카데나 병장을 기리며

글쓴이
스테파니 아르구에조 가오나

Santiago Gaona Cadena
(산티아고 가오나 카데나)
병장

Stephanie Arguello Gaona
(스테파니 아르구에조 가오나)
숙명여자대학교

자기소개

스테파니 아르구엘로. 대한민국 용인 –
평화캠프 (2022년)

　제 이름은 스테파니 아르구엘로 가오나 (Stephanie Arguello Gaona)입니다. 저는 콜롬비아 칼리(Cali) 출신이며, 한국에서 거주한 지 어느덧 8년이 되어갑니다.

　한국과의 첫 만남은 우연했지만 제 인생에 깊은 전환점을 가져다주었습니다. 2007년, 우연히 시청하게 된 한국 드라마 마녀유희는 제 상상력을 자극했습니다. 당시에는 한국에 대해 거의 알지 못했지만, 그 드라마를 통해 엿본 독특한 문화와 전통은 제게 신선한 충격이었습니다.

　호기심은 더욱 깊어졌고, 어느 날 아버지께서 "라틴아메리카의 변명은 이제 그만 (Enough with Latin American Excuses)" 이라는 책을 건네주셨습니다. 이 책은 개발 모델에 대한 비판과 함께 전쟁 이후 한국의 놀라운 변화를 조명하고 있었습니다.

　그 순간, 한국은 단순한 흥미의 대상이 아닌, 저에게 개인적 사명으로 다가왔습니다.

　'콜롬비아도 한국처럼 변화할 수 있을까?(Could Colombia learn from Korea's

스테파니 아르구엘로. 서울 –
한국전쟁기념공원 (2022년)

스테파니 아르구엘로. ADB 한국 관광 프로그램
참가 (2024년)

development model?)' '한국을 다시 일으켜 세운 그 회복력과 결단력이 내 조국에도 희망이 될 수 있을까?(Could the resilience and determination that rebuilt Korea inspire a change in my home country?)'

이 질문들은 결국 저를 한국으로 이끄는 여정의 시작점이 되었습니다.

콜롬비아에서 정치학을 공부하던 저는 한국의 급속한 국제적 위상 상승과 콜롬비아와의 외교·경제 협력 강화를 목격하게 되었습니다. 한국에 대한 정보 접근이 쉬워질수록 저의 학문적 관심은 자연스레 한국이라는 나라에 집중되었고, 마침내 한국 유학을 준비하던 어느 날, 가족의 놀라운 고백을 듣게 되었습니다.

학비 마련을 위해 할아버지께 도움을 청했을 때, 그는 지금껏 말하지 않았던 사실을 털어놓으셨습니다. 바로 할아버지께서는 한국전쟁에 참전한 용사이라는 사실을요. 전쟁 속에서의 용기, 고통, 그리고 결연한 의지에 대한 할아버지의 이야기를 들으며, 저는 한국과 더욱 깊이 연결되었음을 느꼈습니다. 한국은 더 이상 멀리서 동경하던 나라가 아니었습니다. 이제 한국은, 우리 가족의 역사와 유산이 깃든 곳, 그리고 제가 그 유산을 기리고자 하는 사명감의 대상이 되었습니다.

수년간 돈을 모으고 쉼 없이 노력한 끝에, 저는 마침내 한국 땅을 밟을 수 있었습니다. 현재 저는 개발협력학 석사과정에 재학 중이며, 이른바 '한강의 기적(Miracle of the Han River)'에서 나타난 한국의 발전 모델을 학문적으로 깊이 탐구하고 있습니다. 한국에서의 삶은 저에게 학문적 성장뿐 아니라 개인적인 변화도 안겨주었고, 콜롬비아와 한국 사이의 다리를 놓겠다는 제 신념을 더욱 굳게 만들어주었습니다.

콜롬비아의 한국전쟁 참전

콜롬비아의 한국전쟁 참전은 연대와 용기의 강력한 증표로 남아 있습니다. 중남미 국가 중 유일하게 전투병력을 파병한 콜롬비아는 유엔군 연합에 있어 과감하고도 역사적인 기여를 했습니다. 1951년부터 1954년까지 총 5,100명의 콜롬비아 병사들이 미국 및 다른 우방국들과 함께 한국 땅에서 복무했습니다.

이 여정은 결코 순탄하지 않았습니다. 대부분 한 번도 조국을 떠나본 적 없는 젊은 병사들은, 아무것도 모르는 머나먼 땅에 도착하여 수천 킬로미터를 이동해야 했습니다. 그들은 혹독한 한겨울의 추위와 최전선의 치열한 전투 속에서도 놀라운 인내와 결단력으로 임무를 수행했습니다.

콜롬비아 병사들은 강원도 김화지역의 불모고지 전투(Battle of Old Baldy)와 400고지 전투(Battle of Hill 400)를 포함한 주요 전투에 참전했으며, 이들의 용맹함은 동맹국들 사이에서도 깊은 존경과 찬사를 받았습니다. 브라이언 블랙셔 미 육군 소장은 "나는 세 번의 전쟁을 겪었다. 더는 인간의 용기와 투지를 새롭게 볼 일은 없으리라 생각했다. 그러나 콜롬비아 대대의 전투를 보고서야 다시 깨달았다(I have fought in three wars. I thought there was nothing left for me to see in the field of heroism and human intrepidity; but I needed to see the Colombia Battalion fight.)"고 회고한 바 있습니다.

이들의 희생은 단지 전장에서 끝나지 않았습니다. 참전 군인들은 낯선 문화에 적응하고, 전우를 잃는 깊은 상실과 정신적 고통을 함께 견뎌야 했습니다. 그럼에도 이들의 헌신은 흔들림 없었고, 이는 콜롬비아와 한국 간의 깊은 우정과 상호 존중이라는 유산의 기초가 되었습니다.

1950년 12월 26일, 콜롬비아 정부의 반공 정책을 보여주는 상징적인 조치로 한국전쟁에 참전하기 위해 콜롬비아 대대가 창설되었습니다. 콜롬비아는 한국전쟁에 전투병력을 파병한 유일한 중남미 국가였습니다.
© wikimedia.org

 한국전쟁 유엔 참전용사 이야기

오늘날 이 관계는 계속해서 성장하고 있으며, 콜롬비아의 한국전쟁 참전은 양국 모두에게 큰 자부심이자, 국제적 연대의 살아 있는 본보기로 남아 있습니다.

할아버지의 이야기와 기억들

제 할아버지 산티아고 가오나 카데나(Santiago Gaona Cadena) 병장은 1951년, 불과 16세의 나이로 한 달여간의 긴 항해 끝에 한국 땅을 밟았습니다. 군에 입대한 지 겨우 4개월이 되었을 무렵, 그는 자원하여 '콜롬비아 대대'에 합류해 한국전쟁에 참전했습니다. 왜 자원했냐는 질문에 그는 이렇게 말하셨습니다. "왜 그랬는지 잘 모르겠어. 두 번 생각도 안 했지. 아마 젊어서였을 거야. 모험심에 새로운 곳을 알고 싶었던 거겠지. 그리고 약한 사람을 지켜주고 싶은 마음도 있었어. 그때 내게 한국은 세상에서 제일 약한 나라로 보였거든(I'm not sure why; I didn't even think it twice. Maybe because of my youth—my adventurous desire of wanting to know more places. I don't know. And also, my drive to protect the weak. In my mind, at that time, Korea was the weakest country.)"

한국에 도착한 직후, 그는 열일곱 번째 생일을 맞이했으며, 콜롬비아 병력 중 가장 어린 병사 중 한 명이 되었습니다. 한국에서의 경험은 수많은 도전과 용기의 순간들로 가득했습니다. "우리는 그저 어린애였어. 장난도 많이 치고, 놀기도 좋아하고… 영화 속 전사 같은 모습은 아니었지(We were kids—we liked to goof around, we loved to play, we were not yet those warriors that you see in movies)."

그가 참전한 전투 중 가장 참혹했던 순간은 1952년 6월, 김화 400고지 전투였습니다. A중대 3소대는 새벽녘, 아군 진지에서 북쪽으로 500m 떨어진 공산군 초

산티아고 가오나, 부산에서 (1951년)

산티아고 가오나 – 한국전쟁기념공원, 서울, 대한민국
(2019년 9월)

산티아고 가오나. 프로젝트 군인. 코트야드 바이
메리어트 타임스퀘어, 서울, 대한민국 (2019년 9월)

소에 기습 공격을 감행했고, 고지를 점령한 뒤 견고히 구축된 적의 방어시설을 파괴하고 복귀했습니다. 그 전투의 혼돈, 전우를 잃은 아픔, 그리고 반드시 임무를 완수하겠다는 콜롬비아 대대의 결의는 그의 기억에 깊이 각인되어 있습니다. 그는 말했습니다. "가장 힘들었던 건 친구에게 작별을 고할 때였어. 조국으로 돌아간다는 작별이 아니라, 묘지로 간다는 작별이었으니까... 나는 163명의 친구, 전우, 형제들에게 작별 인사를 해야 했어(There was nothing harder than saying goodbye to a friend, not because the friend was going back to Colombia, but because he was going to the cemetery... I had to say goodbye to 163 friends, comrades, brothers)." 극한의 상황 속에서도 그들의 헌신은 미군의 전진을 도왔고, 이는 콜롬비아 군인의 용기와 인내의 상징이 되었습니다. 작전 종료 후, 그의 소대는 15일간의 휴가를 받았고, 그것은 그의 삶에서 가장 기쁜 순간 중 하나로 남아 있습니다. "우리한테 돈이 나올 거라고 했어. PX에 가서 뭘 좀 살 수 있겠구나 싶었지. 병장들이 한 사람씩 이름을 불러서 돈을 나눠줬는데, 내 이름이 없었어. 나도 물었고, 다른 애들도 대신 물어봤지만 명단에 없더라고. 나중에 알았지. 내가 일등병에서 상병으로 진급했던 사실을(We were about to get some money, so we could buy things in the store. Sergeants called out names one by one to hand us the money, but they didn't call mine. I started asking for my name, so did everyone else, yet, my name was not on the list as I had been promoted from private to corporal),"

혹독한 신체적 조건 역시 큰 고통이었습니다. 할아버지는 한국의 매서운 겨울을 자주 회상하셨습니다. 콜롬비아에는 없는, 그 어떤 경험보다 혹독한 추위였습니다. 제대로 된 방한복도 없이, 움직이는 것조차 힘든 날들이 이어졌습니다. 하지만 그는 그런 상황 속에서도, 한국인들이 "아리랑"이라는 전통 민요를 불러 군인들의 사기를 북돋아주었다고 말했습니다. 어느 순간, 거의 모든 병사들이 이 노래를 배워 함께 부르며 한 마음이 되었다고 하셨습니다.

1952년 8월, 야간 정찰 중이던 그의 차량이 수류탄 공격을 받아 그는 심각한 부상을 입었습니다. 다리를 잃을 뻔했지만 간신히 위기를 넘겼고, 그해 말 콜롬비아로 후송되었습니다.

하지만 그 고통 속에서도 그는 단 한 번도 후회한다는 말을 하지 않으셨습니다. 오히려 시간이 흐를수록 한국과 한국인들에 대한 그의 애정은 더욱 깊어졌습니다.

할아버지의 현재 이야기

90세가 된 제 할아버지는 여전히 굳건한 인내와 헌신의 상징이십니다. 비록 코로나19로 건강에 어려움을 겪으셨지만, 할아버지는 지역사회에서 활발히 활동하며 영향력을 발휘하고 계십니다. 최근까지 콜롬비아 남서부 한국전 참전용사 협회의 회장직을 맡아 큰 자부심을 가지고 활동하셨습니다. 이 역할을 통해 참전용사들의 복지 증진에 힘썼으며, 콜롬비아가 한국전쟁에 기여한 바를 널리 알리기 위해 끊임없이 노력하셨습니다.

할머니께서도 같은 마음으로 함께 하셨습니다. 전 협회 사무국장으로서, 콜롬비아 참전용사들의 유산을 지키는 일에 한결같은 동반자가 되어주셨습니다. 두 분은 함께 그 시대의 희생이 결코 잊히지 않도록 힘써왔습니다.

산티아고 가오나와 스테파니 아르구엘로 가오나.
서울, 대한민국 63빌딩 (2019년 9월)

할아버지께서 가장 기뻐하시는 순간 중 하나는 자신의 기억을 다른 이들과 나누는 일입니다. 특히 전쟁에 대해 배우고자 하는 젊은 세대와 만나는 것을 무척 좋아하십니다. 나이가 많으신데도 그 이야기를 전하는 열정은 변함이 없습니다. 할아버지는 과거를 기억하는 것이 단지 희생자를 기리기 위함만이 아니라, 미래 세대가 평화와 협력을 위해 노력하도록 영감을 주는 것임을 자주 강조하십니다.

할아버지의 오늘은 한국전쟁에서 맺어진 끈끈한 우정과 헌신의 증거입니다. 동료들, 가족, 그리고 자신이 남긴 유산에 대한 할아버지의 헌신은 할아버지를 아는 모든 이에게 깊은 감동과 영감을 줍니다.

한국에서의 삶

스테파니 아르구에조, 박진 (전 외교부 장관), 일라이다 아심길. 서울, 대한민국 (2024년)

저는 현재 숙명여자대학교에서 글로벌협력학을 전공하며 학업을 마무리하고 있는 중입니다. 당분간은 한국에 계속 머무를 계획입니다. 한국에서의 삶은 제게 많은 변화를 가져다주었습니다. 학문적으로도, 개인적으로도 성장할 수 있는 소중한 시간이었습니다. 개발협력을 중심으로 국제협력을 공부하면서, 한국의 역사와 그 놀라운 발전 과정을 깊이 있게 배울 수 있었습니다.

또한 이곳에서 이방인으로 살아가며 세계적

인 이주 문제에 대해 특별한 시각을 갖게 되었습니다. 이민이 가져오는 어려움과 가능성을 직접 경험하며, 앞으로 이러한 문제를 다루는 데 기여하고 싶다는 다짐도 하게 되었습니다.

한국전 참전용사의 후손으로서 저는 여러 포럼과 세미나, 정치적 모임에 참여할 기회를 가졌습니다. 이 경험을 통해 한국의 역사와 국제적인 역할에 대해 더 넓은 시각을 갖게 되었고, 콜롬비아와 한국의 관계를 더욱 깊이 이해하며 두 나라를 잇는 다리 역할을 하고 싶다는 마음이 커졌습니다.

매일 제 마음속에는 할아버지께서 남기신 희생과 유산이 자리하고 있습니다. 할아버지의 이야기는 저에게 큰 영감을 주며, 두 나라 사이의 우정을 이어가고 미래를 위해 기여하고자 하는 저의 열정을 북돋아 줍니다.

젊은 세대에게 전하는 메시지

한국전쟁은 단순한 과거사가 아닙니다. 그것은 역경 속에서 피어난 용기와 인내, 그리고 연대의 증거입니다. 젊은 세대 여러분께 당부드리고 싶습니다. 자유를 위해 싸운 이들의 희생을 기억하며 그 유산을 존중해 주시길 바랍니다.

참전용사의 이야기가 평화와 혁신, 그리고 상호 존중이 기반이 되는 세상을 만드는 데 여러분에게 영감을 주길 바랍니다. 할아버지와 같은 영웅들이 우리에게 보여주듯, 가장 어두운 순간에도 인류의 힘과 연민이 앞으로 나아갈 길을 밝혀 줄 것입니다.

스테파니 아르구에조, 발렌티나 로하스. 계룡 세계군문화엑스포에서 (2022년)

한 걸음의 용기

후안 B. 로하스를 기리며

글쓴이

발렌티나 로하스 마르티네스

Juan B. Rojas
(후안 B. 로하스)
제2 콜롬비아 대대 소속 군인

Valentina Rojas Martinez
(발렌티나 로하스 마르티네스)
한국외국어대학교

자기소개

　제 이름은 발렌티나 로하스 마르티네스(Valentina Rojas Martinez)이며, 현재 한국외국어대학교에서 생물화학 석사과정 2학년에 재학 중입니다. 저와 한국의 인연은 제 조부 후안 B. 로하스(Juan B. Rojas) 께서 한국전쟁에 참전하셨다는 가족사를 통해 시작되었지만, 전쟁으로 폐허가 되었던 이 나라가 안정된 경제와 기술 혁신을 이끄는 국가로 거듭나는 모습을 보며 점점 더 깊은 존경심을 품게 되었습니다.

　처음 한국을 접했을 때의 기억은 사실 썩 좋지만은 않았습니다. 어린 시절, 저는 할아버지께서 한국과 관련된 이야기를 불편해하셨던걸 느꼈습니다. 사촌과 함께 한국전쟁에 관한 다큐멘터리를 보고 있던 어느 날, 할아버지께서 화면을 보자마자 조용히 일어나 방을 나가신 일이 있었습니다. 그때만 해도 우리는 그분이 한국전쟁에 참전하셨다는 사실조차 알지 못했지만, 이후 고모들께서 그분이 이 국제적인 분쟁에 참여하셨다는 이야기를 들려주셨습니다. 시간이 지나면서 할아버지께서는 조금씩 전쟁 중의 경험들을 들려주시기 시작하셨고, 저도 자연스레 한국이라는 나라에 대한

발렌티나 로하스 마르티네스, 계룡
세계군문화엑스포 (2022년)

저의 25번째 생일을 기념하며 함께한 할아버지
후안 B. 로하스와 저, 발렌티나 로하스
마르티네스의 모습 (2021년)

궁금증과 관심이 커져갔습니다.

　콜롬비아에서 학부 과정을 밟는 동안, 저는 한국 드라마와 케이팝(K-pop)을 접하면서 한국 문화에 더 많이 노출되었고, 한국을 직접 방문해 보고 싶다는 열망이 깊어졌습니다. 이 호기심은 곧 확고한 결심으로 이어졌고, 한국에서 석사과정을 밟기 위한 준비를 시작했습니다. 한국전 참전용사의 후손으로서, 저는 특별 장학 프로그램에 지원할 자격이 있었고, 2021년에 2022학년도 장학생으로 지원서를 제출했습니다. 그리고 그 결과를 알게 된 순간을 저는 평생 잊지 못할 것입니다. 크리스마스이브 아침, 선정 소식을 듣고 그날은 제 인생 최고의 크리스마스 선물이 되었습니다.

　한국에서의 삶은 저에게 학문적으로나 개인적으로 많은 성장을 안겨주었습니다. 이질적인 문화와 언어 환경 속에서 이민자로서 맞닥뜨리는 수많은 도전을 극복해야 했기 때문입니다. 첫 해에는 한국어를 집중적으로 공부하며 완전히 새로운 언어와 문화에 적응하는 데 힘썼고, 이후 본격적인 석사과정을 시작하게 되었습니다.

콜롬비아의 헌신

　콜롬비아는 '콜롬비아 대대(Batallón Colombia)'라는 이름으로 한국전쟁에 참전한 유일한 남아메리카 국가였습니다. 이들은 보병 대대 1개와 호위함 1척을 파병하였으며, 총 5,100명의 병력을 파견했고, 213명이 전사하고 448명이 부상당하는 희생을 치렀습니다. 제1보병대대는 약 14,973km에 달하는 25일간의 항해 끝에 1951년 6월 16일 부산항에 도착했습니다. 이들의 주요 임무는 정찰 및 순찰 작전이었으며, 특히 몬테칼보(180고지)와 불모고지 (Old Baldy)(266고지) 전투에서의 치열한 교전으로 주목받았습니다. 이 두 전투는 주로 중공군과의 접전으로 기억됩니다.

　당시 콜롬비아는 라우레아노 고메스 카스트(Laureano Gomez Castro)로 대통령의 집권 아래, 자국 역사상 가장 참혹했던 내전을 겪은 뒤 회복기를 지나고 있었습니다. 이로 인해 국가 경제는 불안정한 상황이었고, 한국전쟁 참전은 미국과의 무역 및 외교 관계를 강화하기 위한 전략적 선택이었습니다. 또한 당시 콜롬비아는 제대로 정비된 군 체계를 갖추고 있지 않았으며, 이번 참전을 통해 군의 제도적 기틀을 다지는 계기가 되었습니다.

한국에 파병된 콜롬비아 병사들은 대부분 스페인어를 사용하는 미군 병사들, 주로 푸에르토리코 출신들과 교류했으며, 에티오피아 부대 및 일부 한국군과도 협력했습니다. 이들 병사 대부분은 16세에서 22세 사이의 청년들이었고, 그들 중 다수는 한 번도 조국을 떠난 적이 없었으며, 영어를 하지 못했고, 겨울이라는 계절조차 경험해 본 적이 없었습니다. 열대 지역인 콜롬비아에서 자란 이들에게 혹독한 한반도의 겨울은 전쟁의 참혹함에 더해 또 하나의 도전이었습니다.

전쟁이 끝난 뒤, 용감했던 콜롬비아 병사들은 조국으로 돌아와 가족과 지역사회로부터 영웅으로 환영받았습니다. 그들은 조국에 명예와 자긍심을 안겨주었을 뿐만 아니라, 세계에 콜롬비아인의 용기와 결단력, 불굴의 정신을 알렸습니다. 동시에, 그들의 헌신은 콜롬비아와 대한민국 간의 굳건한 양자 관계라는 귀중한 유산으로 남게 되었습니다. 이 두 나라의 깊은 유대감을 가장 잘 표현하는 문장이 있다면, 바로 이 한마디일 것입니다.

"전쟁의 형제, 평화의 형제(Brothers in war, brothers in peace)."

부산 유엔기념묘지에 있는 콜롬비아 대대

한국전쟁 당시 이발병으로 복무 중인 저의 할아버지(1952년)

할아버지의 이야기

　저의 할아버지는 22세의 나이에 한국전쟁에 참전하셨습니다. 1952년에 전쟁에 참여하셨고, 몬테 칼보(Monte Calvo) 180고지(Battle of Hill 180)와 불모고지 (Old Baldy)(266고지) 전투에 참전하셨습니다. 어릴 적부터 저는 한국이나 전쟁에 관한 이야기를 할아버지께 쉽게 물어볼수 없다는것을 알았습니다. 전쟁이 남긴 상처는 깊었고, 그 상처에 대해 할아버지는 침묵을 택하셨기 때문입니다.

　그러나 시간이 흐르며, 할아버지는 조금씩 마음을 열고 한국에서의 경험을 이야기해주셨습니다. 고통이나 참혹한 기억은 말씀하지 않으시고, 대신 좋은 순간들을 들려주셨습니다. 예를 들면, 처음 눈을 보았던 날의 기억이 그러합니다. 아침에 일어나 보니 주변 모든 것이 흰색과 회색으로 덮여 있어 공격을 받은 줄 알았다고 하셨습니다. 하지만 전우가 그것이 '눈'이라고 알려주었고, 마치 꿈을 꾸는 듯한 기분이었다고 회상하셨습니다. 그때의 추위를 "미하(Mija), 정말 추웠단다(Mija, it was really cold those days.)"라는 한마디로 늘 표현하셨습니다.

한국전쟁 참전 공로를 기려 헌정 기사를 실은 콜롬비아 매체 앞에 선 할아버지 (2020년)

할아버지를 기리며 (2023년)

전쟁 한복판에서 편히 잠을 자려면 전우들과의 팀워크와 신뢰가 얼마나 중요한지에 대해서도 자주 이야기해 주셨습니다. 또 전혀 예상하지 못했던 음식을 처음 접했던 일화도 종종 들려주셨습니다.

어느 날, 용기를 내어 왜 참전을 결심하셨는지를 여쭤보았을 때, 할아버지의 대답은 단순하지만 매우 인상 깊었습니다. "미하, 그땐 배 타고 아주 멀리 가서 바다를 볼 수 있다고 했단다. 나는 한 번도 바다를 본 적이 없었지. 그래서 지원했단다(Well, Mija, they told me I was going on a very long trip by ship and that I would get to see the ocean. I had never seen the ocean, so I enlisted.)" 당시 할아버지는 의무 복무 중이었고, 유엔군을 지원하기 위해 편성된 콜롬비아 제2대대에 참여할 기회를 제안받으셨습니다.

할아버지는 콜롬비아 내륙지방인 톨리마(Tolima) 출신이셨습니다. 당시에는 해안지역으로 가는 것이 쉬운 일이 아니었기에, 바다를 직접 보고 배를 탄다는 사실만으로도 충분히 흥미로웠던 것입니다. 바다를 처음 보았을 때의 표정을 이야기하실 때면, 어린아이가 순수한 기쁨에 벅차 하는 모습이 떠오를 정도였습니다. 아시아로 향하는 여정에서 처음으로 날으는물고기를 보셨고, 울부짖는 원숭이 소리와 낯선 새들의 지저귐을 들으며 파나마 운하를 지나셨던 기억도 들려주셨습니다.

어쩌면 그 이유는 많은 이들이 기대하는 영웅적 동기와는 거리가 멀지 모르지만, 할아버지가 자손들에게 남긴 교훈은 무척 소중합니다. 결과를 지나치게 계산하지 않고도 모험에 나설 용기는, 때로 역사를 바꾸는 한 걸음이 될 수 있다는 사실입니다.

할아버지는 자신이 외국 전쟁에 참전함으로써, 당시 폐허 속에 있던 한 나라의 재건에 기여하게 될 줄은 상상도 못하셨을 것입니다. 그러나 한국은 국민을 믿고 성장을 위해 투자하며 전쟁의 상처를 딛고 일어났고, 오늘날 세계적인 기술, 연구, 엔터테인먼트 분야에서 선도하는 국가로 우뚝 섰습니다. 또한 한국은 자신이 이룬 성장을 기꺼이 나누며 콜롬비아와도 지식과 경험을 공유해 왔습니다.

할아버지는 2023년, 92세의 나이로 별세하셨습니다. 저는 언제나 할아버지가 한국을 직접 방문해, 자신이 지켜낸 나라가 어떻게 성장했는지 눈으로 보셨으면 하는 바람이 있었습니다. 한국의 아름다움, 놀라운 발전, 효율적인 시스템과 편안한 삶의 질을 보여드리고 싶었습니다. 비록 그 소중한 순간은 함께하지 못했지만, 저는 한국에 머무는 매 순간, 할아버지가 제 곁에 함께 계셨다고 믿습니다.

　저는 콜롬비아의 이름을 빛내고자 하는 마음의 큰 동력을 할아버지로부터 얻습니다. 그리고 국제 분쟁에 기꺼이 참여했던 5,100명의 용감한 콜롬비아 군인들을 기리는 일이기도 합니다.

미래 세대에게 전하는 메시지

　미래 세대에게 전하고 싶은 메시지는 단지 "역사를 모르는 자는 그 역사를 반복할 수밖에 없다(those who do not know their history are condemned to repeat it)"는 사실을 기억하는 것에 그치지 않습니다. 과거를 이해함으로써 우리가 그 이전 세대보다 더 나은 모습으로 성장할 수 있다는 점을 깨닫기를 바랍니다. 저는 우리가 만들어 가는 미래가 지금 우리가 상상하는 것보다 훨씬 더 큰 가능성을 품고 있다고 믿고 있습니다.

콜롬비아 톨리마 이바게 전망대에서 커피를
마시고 계신 할아버지의 모습 (2021)

할아버지의 92번째 생신 축하 행사 (2021)

그런 의미에서, 전쟁에 참여했던 할아버지를 통해 간접적으로 배운 교훈을 나누고자 합니다. 바로 '한 걸음 내딛는 것이 가치 있다'는 점입니다. 첫걸음이 어렵게 느껴지더라도, 삶의 계획이 우리의 판단보다 더 현명하다는 확신을 가지고 흔들림 없이 내딛으시길 바랍니다.

우리가 그 발걸음을 내딛을 때, 미래가 어떻게 펼쳐질지 알 수 없습니다. 그러나 할아버지처럼 용기를 품고 나아간다면, 단지 자신의 인생 이야기뿐 아니라 한 나라의 역사를 바꾸고 미래 세대의 삶에도 깊은 영향을 미치는 여정을 시작하게 될 것입니다. 매 순간을 선물처럼 여기며 살아가십시오. 우리의 시간은 짧지만, 선택의 영향력은 그 시간을 훨씬 뛰어넘어 울려 퍼질 것입니다.

에티오피아 ETHIOPIA

참전 기간	1951년 5월 7일 ~ 1965년 1월
총 파병 인원	3,518명
지상군	보병 대대 1개 총 1,271명
유엔군 피해 현황	전사 122명 부상 536명 총계 658명

한국전쟁 참전 기념비는 강원도 춘천시 근화동에 위치해 있습니다.

영예의 메아리
한국전쟁 참전용사와 그 후손들의 여정

게매주 구타를 기리며

글쓴이
왁지라 게메주

Gemechu Guta(게메주 구타)
상병

Wakjira Gemechu(왁지라 게메주)
군산대학교

자기소개

티셔츠 브랜드 모델 화보 촬영
(2022)

네 살 무렵 아버지와 함께한
순간, 평생 간직할 사랑 (1993)

저는 에티오피아 출신으로, 한국전 참전용사였던 게메추 구타(Gemechu Guta)의 막내아들 왁지라 게메추(Wakjira Gemechu)입니다. 아버지께서는 늘 한국전쟁에 대한 이야기를 들려주시고, 당시의 사진을 가족들과 함께 보며 추억하시곤 했습니다. 덕분에 저는 어릴 적부터 한국이라는 나라가 낯설지 않았고, 자연스럽게 더 알고 싶다는 마음이 생겼습니다.

아버지께서 가르쳐주신 한국의 민요 '아리랑, 아리랑, 아라리요'는 어린 시절부터 제게 익숙한 멜로디였습니다. 특히 기억에 남는 것은, 제가 청소년이던 2002년 월드컵 당시 온 가족이 한국 축구 대표팀을 응원하며 '오! 필승 코리아'를 함께 부르던 순간입니다. 그중에서도 한국이 이탈리아를 꺾고 승리를 거뒀을 때, 모두가 환호하며 기뻐했던 그 날의 장면은 아직도 생생하게 기억납니다.

2012년 12월, 저는 대한상공회의소(KCCI)와 한국국제협력단(KOICA)이 공동 운영

K팝 뮤직비디오 배경 출연 (2024)

하는 장학 프로그램을 통해 처음 한국에 오게 되었습니다. 군산대학교 기계공학과에서 한국어 교육과 기술 훈련을 받았고, 이후 숭실대학교에서 한국어 고급 과정을 수료했습니다. 현재는 기계 부품 제조 회사에 재직 중이며, 때때로 영화, K-팝 아이돌 뮤직비디오, 광고 등에 출연하며 한국에서의 삶을 즐기고 있습니다.

한국에서의 삶

문화적 교류에 기여하며

한국에서의 제 삶은 활기차고 사람들과의 교류도 활발합니다. 저는 한국 사회에 잘 적응했으며, 역사적 책임감을 가지고 다양한 활동에 참여하며 소중한 경험을 쌓아가고 있습니다. 그 일환으로, 한국과 에티오피아 간의 우호 증진을 위한 여러 행사에서 자원봉사자로 꾸준히 활동해 왔습니다.

2017년부터 2018년까지는 한국에 거주하는 에티오피아 한국전 참전용사 가족회 회장을 맡아, 한국의 여러 기관과 개인들과 협력하여 문화 교류의 장을 마련하는 데 앞장섰습니다.

또한, 이주민 방송국 MWTV에서 방송되는 라디오 프로그램 '고베즈 크루(Gobez Crew)'의 진행자로 활동하며, 에티오피아는 물론 한국의 소식과 역사, 문화에 대한 이야기들을 널리 알리는 데 힘쓰고 있습니다.

비전 캠프 참여 (2024)

MWTV 이주민 라디오 방송 특별 출연 (2017)

 한국전쟁 참전용사의 유산

유엔 참전용사의 기억과 정신을 이어가며

저는 유엔 참전용사들의 역사와 그들이 지켜낸 가치가 잊히지 않고 기억되도록 알리는 역할을 맡아왔습니다. 그들의 숭고한 희생과 헌신이 존중받고 기억되기를 바라며, 다양한 활동에 힘써왔습니다. 그 일환으로, 저는 의정부에서 중·고등학생들을 대상으로 열린 유엔군 역사 워크숍에 참여해 한국의 청소년들과 교류해 왔습니다. 두 번째로 이 프로그램에 참석했을 때에는, 저를 기억하고 반갑게 맞아준 학생들과 함께 역사와 기억에 대한 더 깊은 대화를 나눌 수 있어 더욱 뜻깊었습니다.

또한 참전용사 후손을 대표하여, SBS 뉴스에 출연해 대한민국과 카그뉴 부대(Kagnew Battalion)간 70년간 이어져 온 우정을 소개하며 그들의 유산을 널리 알리는 데 기여했습니다.

의정부 학생들과 함께한 유엔군 역사 워크숍 (2024)

의정부 학생들에게 에티오피아 문화와 한국에서의 삶을 소개하는 시간 (2024)

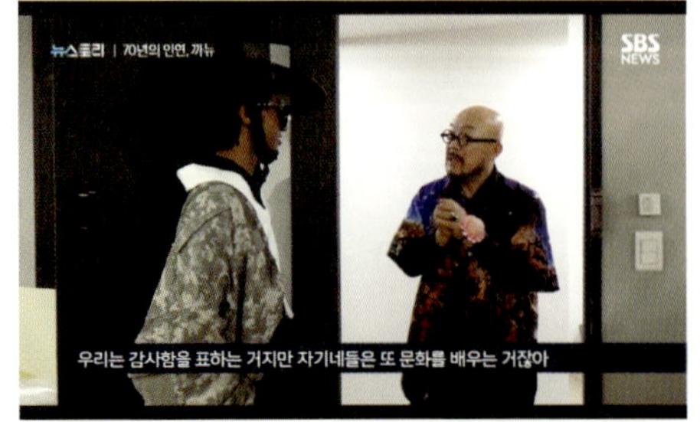

UN 군복 패션쇼 무대에 오르기 전, 디자이너 이상봉 선생님과의 대화 (2023)

한국전쟁 참전용사 후손과의 인터뷰 썸네일 (2022)

2023년에는 1953년 정전협정 70주년을 기념하여, 의정부시 청소년재단과 함께 'We Art! UNiform Runway' 행사에 참여했습니다. 이 특별한 군복 패션쇼는 세계적인 디자이너 이상봉 선생님의 디자인을 통해, 한국전쟁에 참전한 16개 유엔 회원국의 군복을 현대적으로 재해석한 무대였습니다. 저는 참전용사의 후손으로서 런웨이에 올라, 단순히 무대를 걷는 것을 넘어, 대한민국의 자유를 지키기 위해 헌신했던 아버지 세대의 용기와 희생을 제 몸으로 기리는 뜻깊은 시간을 가졌습니다.

가장 최근에는 아버지께서 복무하셨던 28사단과 비무장지대(DMZ)를 방문했습니다. 이틀간의 군 체험 프로그램을 통해 대한민국 장병들의 헌신과 강인함을 직접 느낄 수 있었고, 아버지의 군 복무는 물론, 한국의 자유를 위해 싸운 모든 이들의 숭고한 유산을 다시금 깊이 되새기게 되었습니다.

'위 아트! 유니폼 런웨이' 행사 (2023)

비무장지대(DMZ)와 28사단 방문 (2024)

아버지의 희생 정신으로 생명을 구하다

2022년 10월, 핼러윈 밤 이태원에서 비극적인 사고가 발생했을 당시, 저는 현장에 있었습니다. 그 긴박하고 절박한 순간, 저는 의식을 잃고 쓰러진 세 사람에게 본능적으로 심폐소생술(CPR)을 시행했습니다. 충격적이고 가슴 아픈 경험이었지만, 주저하지 않고 쓰러진 이들을 살리는 데 온 힘을 쏟았습니다.

그 순간 두려움 없이 행동할 수 있었던 것은, 아버지에게서 배운 책임감과 용기 덕분이었다고 믿습니다. 사고 이후, 저는 에티오피아 대사관 영사님, 천만사 주지스님, 그리고 제가 근무하는 회사로부터 감사패를 받았으며, 이 사건과 관련해 한국 언론의 인터뷰도 진행했습니다.

주한 에티오피아 영사 및 천만사 주지스님과 함께 (2023)

이태원 참사 관련 언론 인터뷰 (2023)

이태원 참사 대응 감사패, 에티오피아 대사관 및 회사로부터 (2023)

에티오피아, 한국전에서의 숭고한 헌신

카그뉴(Kagnew) 부대의 한국전 파병

카그뉴 부대는 에티오피아 황제 근위대 소속의 정예부대로, '카그뉴(Kagnew)'는 암하라어로 '승리자' 혹은 '정복자'를 뜻합니다. 에티오피아는 1935년 제2차 세계대전 중 이탈리아의 침공을 받았으나, 국제사회로부터 실질적인 도움을 받지 못한 아픈 경험이 있습니다. 이로 인해 하일레 셀라시에 황제는, 국가의 규모와 상관없이 국제 정의를 수호해야 한다는 신념을 갖게 되었습니다.

그는 이러한 신념에 따라 1951년부터 1954년까지 총 3,518명의 병력을 선발해 한국으로 파병하도록 명했습니다. 파병 대상자는 모두 황제 근위대 소속의 정예 병사들로, 황제는 직접 그들의 출정을 축복하며 깊은 사명감을 안겨주었습니다.

253번의 전투, 253번의 승리: 포로를 남기지 않는 전장의 원칙

카그뉴 부대는 '단 한 명의 병사도 적에게 포로로 잡히지 않는다'는 굳건한 군사 원칙을 끝까지 지켜냈습니다. 이 신념은 그들로 하여금 마지막 순간까지 싸우게 했고, 이는 곧 부대의 불굴의 정신을 상징하게 되었습니다. 카그뉴 부대는 총 253회의 전투에 참여해 모두 승리를 거두었으며, 매 전투마다 결정적인 역할을 수행했습니다. 정전 이후에도 에티오피아는 한국의 회복을 돕는 데 변함없는 의지를 보였습니다. 제4·5차 카그뉴 부대가 전후 복구를 지원하기 위해 추가로 파병되었고, 에티오피아 적십자의 간호사들이 유엔군 군 병원에 파견되어 인도적 사명을 이어갔습니다. 전쟁 중과 그 이후에도 에티오피아는 유니세프(UNICEF)를 통해 한국에 꾸준히 의약품을 지원했습니다. 카그뉴 부대의 철수는 단계적으로 이루어졌으며, 마지막 부대는 1965년 1월에 철수했습니다. 귀환한 병사들은 하일레 셀라시에 황제로부터 영웅으로 환영받았으며, 그들의 헌신과 희생을 기리는 훈장이 수여되었습니다.

한국전쟁 중 한국 도착 당시의 아버지 (1951)

게메추 구타, 전장의 영예를 새기다

저의 아버지 게메추 구타는 1,185명의 병사로 구성된 에티오피아 제1진 카그뉴 부대의 일원으로 한국에 파병되었습니다. 임무를 마친 뒤에도 아버지는 자발적으로 제2진 부대에 합류하여, 1953년 4월까지 한국전쟁에 계속 참전하였습니다.

아버지는 레이산 전투(Battle of Mount Ley)에서 우측 돌격조 하사로 복무하며, 정찰 부대가 임무를 수행하던 중 적군이 에티오피아 부대를 포위하려는 위기 상황에 직면했습니다. 이때 아버지는 침착하게 수류탄을 투척해 적군 네 명을 제압하며 부대의 방어선을 사수했습니다.

또한, 전투 중 부상당하고 포로로 잡힐 위기에 처한 타켈레(Takele) 병장과 아옐레(Ayele) 병사를 용감하게 구출해 의무 지원 부대로 후송함으로써 두 병사의 생명을 지켜냈습니다. 이와 같은 뛰어난 용기와 리더십을 인정받아, 아버지는 무공 훈장과 명예 표창장을 수여받았습니다.

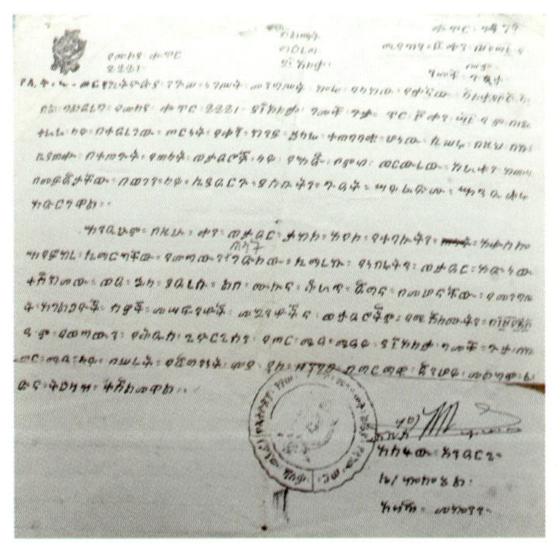

아버지께서 지휘관으로부터 받은 암하라어 증서 (1954)
"이 증서는 한국전쟁 기간 동안 카그뉴 부대에서 뛰어난 군복무를 수행한 병사 게메추 구타를 증명합니다. 그는 에티오피아 제국을 대표하여 임무 내내 모범적인 용기와 헌신을 보였습니다. 그의 행동은 부대뿐만 아니라 조국에도 큰 영예를 안겨주었습니다. 이에 그의 공로를 인정하여 본 증서를 지휘관 명의로 수여합니다. 그의 용기가 앞으로도 대대로 귀감이 되길 기원합니다."

한국전쟁 참전 당시 아버지의 초상 사진 (1951)

군 복무를 마치고 한국에서 귀국하는 모습 (1956)

아버지께서 다시 찾은 한국 땅

아버지께는 저를 포함해 세 아들이 있었습니다. 한국전쟁 참전 후, 민간 로펌에서 변호사로 일하며 삶을 이어가셨습니다. 아버지는 한국전 참전용사로서의 자부심이 매우 크셨고, 전쟁 중 겪었던 경험과 이야기를 가족들에게 자주 들려주시곤 했습니다. 아버지는 늘 저에게 용기, 책임감, 그리고 자신감에 대해 가르쳐주셨고, 그것은 제 삶의 가장 소중한 유산이 되었습니다.

전쟁이 끝난 뒤, 아버지는 다시 한 번 한국을 방문할 기회를 얻으셨습니다. 이는 극히 일부의 참전용사에게만 허락된 행운이었습니다. 아버지는 직접 눈으로, 전쟁의 폐허 속에서 놀라운 발전을 이룬 대한민국의 변화를 목격하셨고, 그 감동은 이루 말할 수 없을 만큼 컸습니다. 그리고 아버지께서는 저에게 한국에 가서 직접 보고, 배우고, 우리 두 나라 사이의 다리가 되는 역할을 할 것을 권장하셨습니다.

이제 저는 한국에서 감사한 마음으로 살아가며, 아버지께서 남겨주신 가장 큰 가르침을 마음에 새기고 있습니다. 아버지는 늘 "자신감을 가져라. 자신을 믿는 것이 강한 사람이 되는 첫걸음이다"라고 말씀하셨습니다.

군 복무를 마치고 변호사로 새로운 길을 걷기 시작한 아버지 (1960년대)

하일레 셀라시에 황제로부터 받은 영웅 증서 및 훈장 (1954)

한-에티오피아 미래를 위한 메세지

저는 한-에티오피아 간의 동맹이 단지 역사 속의 사건으로 머무는 것이 아니라, 현재와 미래에도 의미 있는 가치를 지니기를 바랍니다. 전쟁 속에서 보여준 희생과 연대의 의미를 다시금 되새기고, 그것을 오늘날의 맥락에서 재조명해야 한다고 생각합니다.

SNS, 다큐멘터리, 유튜브 콘텐츠 등을 통해 두 나라 간의 우정을 적극적으로 나누고, 기념사업과 역사 교육을 통해 다음 세대가 자연스럽게 이 유대를 인식하고 계승할 수 있도록 긍정적인 인식을 확산시켜야 합니다. 왜냐하면 진정한 관계는 정부 간의 외교뿐 아니라, 국민 간의 감정적 공감과 이해 위에서 더욱 굳건해지기 때문입니다. 이러한 이야기들을 지속적으로 전할 때, 우리는 미래 세대가 서로에 대한 존중과 감사, 그리고 변함없는 연대의 유산을 이어갈 수 있도록 힘을 실어줄 수 있습니다.

저 역시 이 소중한 인연을 더욱 단단히 이어가고, 우리의 역사가 앞으로도 지속적인 영감과 화합의 원천이 될 수 있도록 제 역할을 다할 것을 다짐합니다.

아버지의 50년 만의 한국 재방문 (2007)

희생의 메아리
한 에티오피아 군인의 발자취와 우리가 만들어가야 할 미래

케베데 아바테 웬데를 기리며

글쓴이
베들레헴 소로몬 셴쿠테

Kebede Abate Wende
(케베데 아바테 웬데)
제2 카그뉴 부대 이등병

Bethelehem Solomon Shenkute
(베들레헴 소로몬 셴쿠테)
한국외국어대학교

자기소개

베텔레헴 소로몬 셴쿠테, 한국 각지를 여행하며 (2023)

저는 베들레헴 솔로몬 셴쿠테(Bethelehem Solomon Shenkute)이며, 한국 이름은 하은별입니다. 저는 에티오피아의 수도 아디스아바바(Addis Ababa, Ethiopia)에서 태어나고 자랐으며, 에티오피아는 오랜 역사와 강인한 정신, 정의와 공동체 의식을 소중히 여기는 나라입니다. 현재 저는 대한민국 인천에 거주하며 한국외국어대학교에서 국제학 석사 과정을 마쳤습니다.

한국에서 외국인으로서 흔히 "어디서 왔냐"는 질문을 받습니다. 그리고 제가 "에티오피아"라고 답하면 반응은 다양합니다. 기성세대는 한국전쟁 당시 에티오피아가 보여준 희생과 헌신을 기억하며 깊은 감사의 마음을 전합니다. 반면, 젊은 세대는 "아, 커피의 나라!(Ah, the country of coffee!)"라며 친근한 반응을 보입니다. 두 반응 모두 에티오피아를 대표하는 중요한 면모를 담고 있습니다. 역사적으로 한국전쟁에서의 우정과, 세계적으로는 커피의 본고장이라는 점입니다. 저는 두 가지 모두를 소중히 여기지만, 앞으로 더 많은 젊은이들이 커피를 넘어선 양국의 깊고 의미 있는 우정을 알게 되길 바랍니다.

저는 2021년, 한국에서 대학원 공부를 위해 이곳에 왔습니다. 그러나 제 한국행은 단순한 학업 목적만으로 이루어진 것이 아닙니다. 바로 제 인생을 바꾼 할아버지의 발자취를 따라가는 여정이기도 했습니다.

저의 외할아버지 케베데 아바테 웬데(Kebede Abate Wende)는 용감한 에티오피아 군인 중 한 명으로, 한국전쟁에 참전하였습니다. 할아버지의 경험은 가족의 삶은 물론 저에게까지 깊은 영향을 미쳤지만, 저는 이 가족사의 많은 부분을 잘 알지 못했습니다.

제가 한국에 관심을 갖게 된 계기는 전혀 다른 곳에서 시작되었습니다—바로 한국 드라마였습니다. 고등학교 2학년 때, 어느 날 밤을 아직도 생생히 기억합니다. 동생과 함께 빵을 굽고 있었는데, 저는 친구로부터 여러 번 들어왔던 KBS 월드 채널을 한번 켜보자고 제안했습니다. 그날 밤 방영되던 주말 드라마는 「사랑을 믿어요 (Believe in Love)」라는 작품이었고, 그 순간부터 한국을 향한 관심이 생겼습니다.

그 이후로 동생과 저는 한국 드라마와 예능 프로그램에 푹 빠졌습니다. 주말이면 〈개그콘서트(Gag Concert)〉, 〈1박 2일(2 Days & 1 Night)〉 같은 프로그램을 보며 한국 특유의 유머와 문화, 스토리텔링에 빠져들었습니다. 당시 학교에서 배운 짧은 역사 외에는 한국에 대해 아는 바가 거의 없었지만, 화면에 비친 모습만으로도 큰 흥미와 애정을 갖게 되었습니다.

그러던 어느 날, 예상치 못한 일이 있었습니다. 할머니께서 집에 오셨고, 저와 동생이 한국 프로그램을 보고 있는 모습을 보시고 무엇을 보느냐고 물으셨습니다. 저희가 대답하자, 할머니는 미소를 지으며 이렇게 말씀하셨습니다. "너희 할아버지가 한국에 갔던 거 알고 있니?(Did you know your grandfather went to Korea?)"

그게 바로 제가 할아버지의 한국전쟁 참전에 대해 처음 들은 순간이었습니다. 그날 저녁, 할머니는 할아버지께서 카그뉴 부대의 일원으로 한국에 파병되셨던 일과, 그 경험이 어떻게 그의 삶에 영향을 주었는지, 그리고 훗날 에티오피아에서 판사로 일하게 된 과정에 대해 이야기해 주셨습니다.

할아버지의 이야기를 계기로, 저는 한국이라는 나라를 더 알고 싶다는 마음이 생

에티오피아 아디스아바바에 위치한 한국전 참전용사 기념비 앞의 베텔레헴 (2018)

에티오피아 참전용사 한국 방문 시 통역 봉사 활동 (2021)

겼습니다. 한국의 역사와 문화를 공부하며, 독학으로 한국어를 배우기 시작했습니다. 하지만 거기서 멈추지 않았습니다. 저는 할아버지의 유산과 더욱 깊고 의미 있는 방식으로 연결되고 싶었습니다.

그러한 마음으로 저는 에티오피아 한국전쟁 참전용사회에서 자원봉사를 시작했고, 한국에서 온 방문객들을 맞이하고 참전용사들을 예우하는 일에 참여했습니다. 이 시기에 저는 한국과의 인연에서 중요한 역할을 하게 될 분, 하옥선 박사님을 만나게 되었습니다. 박사님은 저의 학업과 공동체 활동에 있어 든든한 멘토가 되어 주셨습니다.

박사님의 조언과 지원 덕분에 저는 한-에티오피아 관계 분야에서 신뢰를 쌓을 수 있었고, 주에티오피아 대한민국 대사관으로부터 추천을 받아 한국에서 석사과정을 밟을 수 있는 기회까지 얻게 되었습니다.

지금 저는 한국의 거리 곳곳을 걸으며, 세계적인 경제 강국으로 성장한 이 나라를 바라보면서 할아버지를 떠올립니다. 전쟁이 그의 삶을 어떻게 바꾸었는지, 그가 어떤 희생을 감수했는지, 그리고 수십 년이 지난 지금, 그의 손녀가 다시 이 땅을 찾았다는 사실을 되새깁니다—군인이 아닌 학생으로서, 그가 남기신 가치를 이어가고자 이곳에 서 있습니다.

이런 이유로 저는 그의 이야기를 전하고 싶습니다. 단지 할아버지를 위해서만이 아니라, 역사의 의미와 기억의 힘, 그리고 그 가치를 믿는 우리 모두를 위해서입니다.

한국전쟁 당시의 에티오피아: 침략의 아픔을 아는 나라

에티오피아가 한국전쟁에 병력을 파병한 국가였다는 사실은 오늘날 많은 사람들에게 생소합니다. 1950년, 북한이 남한을 침공하며 전쟁이 발발했을 당시, 세계 대부분은 한반도의 위기를 그저 지켜보기만 했습니다. 그러나 에티오피아는 하일레 셀라시에 황제(Emperor Haile Selassie)의 결단 아래, 유엔군과 함께 싸우기 위해 정예 병력을 파병하며 행동으로 응답했습니다.

이 결정은 단순한 외교적 제스처가 아니었습니다. 그것은 에티오피아의 역사적 경험과 깊은 공감에서 비롯된 것이었습니다.

한국전쟁이 일어나기 불과 15년 전인 1935년, 에티오피아는 이탈리아 파시스트 정권의 침략을 받아 극심한 고통을 겪었습니다. 무솔리니(Mussolini) 치하의 이탈리아는 에티오피아를 무력 침공했고, 하일레 셀라시에 황제는 망명길에 올라야 했으며, 국민들은 외세의 압제 속에서 수년간 고통을 견뎌야 했습니다. 비록 1941년에 독립을 되찾았지만, 침략과 점령의 상흔은 여전히 선명했습니다. 에티오피아인들은 주권이 짓밟히고 삶의 터전이 파괴되는 고통, 그리고 자유를 위해 맞서는 절박함이 어떤 것인지 몸으로 기억하고 있었습니다.

이러한 역사적 경험은 에티오피아가 한국의 처지를 남의 일로 여길 수 없게 만들었습니다. 하일레 셀라시에 황제는 한반도의 비극 속에서 자국의 과거를 떠올렸고, 정의와 자유를 위해 싸우는 한국에 연대하는 것이 도리이자 사명이라고 여겼습니다.

이에 따라 에티오피아는 카그뉴(Kagnew) 부대라는 명성을 지닌 정예 병력을 파병합니다. 이 부대는 고도의 군사 훈련을 받은 정예 중의 정예로, 용기와 절제, 그리고 흔들림 없는 충성심으로 높은 평가를 받았습니다. 특히, 카그뉴 부대는 전장에서 결코 항복하지 않는 것으로 유명했으며, 그 정신은 하일레 셀라시에 황제가 병사들에게 직접 내린 한 구절로 요약됩니다.

"승리하거나, 죽거나(Victory or Death)."

하일레 셀라시에 1세 황제 (1970)
© wikimedia.org

카그뉴 부대 출정식에서의 하일레 셀라시에 황제 (1951) © wikimedia.org

한국에게 에티오피아 병사들은 국제 연대의 상징과도 같은 존재였습니다. 그들은 253회의 전투에 참전해 모두 승리를 거두었고, 단 한 명도 중공군이나 북한군의 포로가 되는 일이 없었습니다. 전장에서 보여준 이 같은 뛰어난 전투력과 강인한 정신력은 전 세계의 귀감이 되기에 충분했습니다. 에티오피아에게 이 전쟁은 단순한 군사 개입이 아닌, 평화와 정의, 그리고 국제 협력에 대한 국가적 신념을 행동으로 증명한 계기였습니다.

그리고 사랑하는 가족과 조국을 뒤로하고 낯선 땅에 발을 디딘 한 사람 한 사람의 병사들에게, 이 전쟁은 그들의 삶을 송두리째 바꾸어 놓은 깊은 전환점이 되었습니다. 전장에서의 경험은 그들의 미래를 상상하지 못한 방식으로 이끌어갔습니다.

에티오피아 영웅들의 배신당한 희생

한국전쟁 당시, 에티오피아는 아프리카 대륙에서 가장 안정적이고 경제적으로 유망한 국가 중 하나였습니다. 외교 무대에서도 주도적인 역할을 하며, 유엔의 창립 회원국으로서 지역 내 현대화와 발전의 모범이 되었습니다. 한국전쟁에 참전한 것은 자유와 주권이라는 가치에 동참하는 국제적 책임의 표현이었습니다.

그러나 역사는 비극적인 방향으로 흘러갔습니다.

1974년, 하일레 셀라시에 황제의 정부는 멩기스투 하일레 마리암(Mengistu Haile Mariam)이 이끄는 델그(Derg) 군사정권에 의해 전복되었습니다. 이로 인해 에티오피아는 17년에 걸친 독재, 탄압, 유혈의 시대로 빠져들게 됩니다.

한국전쟁 당시 에티오피아 군인들 (1953)
© U.S. Army Public Domain

군사 독재 정권 덩그르의 지도자 멩기스투 하일레 마리암
(1977) © wikimedia.org

새 정권은 소련과 북한에 정치적 입장을 맞추며 공산권 국가들과의 외교 노선을 택했습니다. 그 결과, 한때 한국의 자유를 위해 싸웠던 에티오피아 병사들은 내부의 정치적 탄압 대상이 되었습니다.

카그뉴 부대 출신의 많은 참전용사들은 서방과 손잡았다는 이유로 '반역자' 혹은 '친서방 세력'으로 낙인찍혔고, 일부는 고문과 투옥, 심지어는 처형당하기도 했습니다. 또 다른 이들은 전쟁터에서 세운 공훈에도 불구하고 침묵을 강요당하며 은둔 생활을 해야 했습니다. 그들이 지켜낸 조국으로부터 명예와 존경은커녕 모든 것을 빼앗긴 채 버림받은 것이었습니다.

한때 안정을 이루고 발전을 구가하던 에티오피아는 독재와 빈곤, 내전 속에서 무너졌고, 자유를 수호하기 위해 싸웠던 영웅들은 조국에서조차 인정받지 못한 채 살아야 했습니다.

역사의 아이러니는 여기에 있습니다. 한국은 눈부신 발전을 이루며 에티오피아 참전용사들의 희생을 진심으로 기리고 있지만, 정작 그 용사들은 고국에서는 외면과 고통 속에 살아야 했던 것입니다. 그들이 목숨을 걸고 지킨 나라는 번영을 맞이했지만, 자신들의 나라는 암흑으로 가라앉고 말았습니다.

수십 년 동안, 에티오피아의 통치자들은 이들의 희생을 기억하지 않았습니다. 오랜 세월이 흐르고 독재가 끝난 뒤에야 비로소, 에티오피아가 한국전쟁에 기여한 역사적 사실이 다시 조명되었고, 살아남은 카그뉴 부대 용사들은 마침내 뒤늦은 존경과 감사를 받게 되었습니다.

한국과 에티오피아, 오늘도 이어지는 우정

에티오피아의 한국전쟁 참전은 단순한 역사적 사건이 아닙니다. 그것은 곧 회복력, 희생, 정의에 대한 교훈입니다. 에티오피아는 침략의 고통을 직접 겪은 나라로서, 자유를 잃는다는 것이 무엇인지 누구보다 잘 알고 있었기에 한국을 위해 싸웠습니다. 카그뉴 부대는 단지 한국만을 위해 싸운 것이 아니라, 자국이 지켜내려 했던 주권과 존엄, 정의의 가치를 위해 싸운 것이었습니다.

수십 년이 흐른 지금도, 한국은 에티오피아의 희생을 잊지 않고 있습니다. 한국에서는 매년 참전용사를 기리는 기념식과 특별 초청 프로그램이 열리며, 참전용사들이 자신이 한때 지키기 위해 싸웠던 나라의 발전을 직접 목격할 수 있도록 초대받습니다. 한국 국민의 깊은 감사는 여전히 이어지고 있으며, 에티오피아는 한국의 가장 어두운 시기에 함께해준 형제의 나라로 기억되고 있습니다.

이러한 역사적 유대는 외교적·경제적 협력 관계로 발전했습니다. 한국은 KOICA(한국국제협력단)와 같은 기관을 통해 보건, 교육, 농업, 기술 등의 분야에서 에티오피아의 발전을 적극 지원하고 있습니다. 현대자동차, 삼성, LG 등 한국 기업들도 에티오피아에 진출하여 산업 성장과 일자리 창출에 기여하고 있습니다. 한국과 에티오피아의 인연을 깊이 존중하는 많은 개인들도 에티오피아의 발전을 돕기 위해 자발적으로 후원에 나서고 있습니다.

정부 간의 지속적인 협력, 무역 협정, 인도적 지원을 통해 한국은 에티오피아에 보답하고 있으며, 두 나라가 함께 나눈 희생의 역사는 이제 상호 성장과 장기적인 우정의 토대가 되고 있습니다. 그리고 이 관계는 더 이상 과거에만 머물러 있는 것이 아니라, 함께 미래를 만들어가는 동행의 이야기로 이어지고 있습니다.

케베데 아바테 웬데 이병의 이야기

제 할아버지의 삶은 용기와 희생, 그리고 정의에 대한 변함없는 헌신을 증명하는 여정이었습니다. 18세의 나이에 할아버지는 하일레 셀라시에 황제의 근위대에 자원 입대하며 인생의 방향을 결정짓는 첫걸음을 내딛으셨습니다. 그리고 곧 조국을 떠나 머나먼 한국으로 향하는 길에 오르게 되었고, 이는 에티오피아가 한국전쟁에 기여한 고귀한 사명의 일부였습니다. 제2 카그뉴 부대의 운전병으로 참전한 할아버지는 그곳에서 참혹한 전쟁의 실상을 직접 목격하셨습니다.

그분은 전쟁이 남긴 폐허와, 부모 잃은 아이들의 비통함, 그리고 자식을 전장으로 보내야 했던 부모들의 아픔을 두 눈으로 보셨습니다. 이 경험은 할아버지의 내면에 큰 변화를 가져왔고, 조국을 넘어 인류 전체를 위한 더 큰 사명감을 품게 하였습니다.

귀국 후, 할아버지는 정의를 통해 더 나은 미래를 만들겠다는 새로운 소명을 품고 법학을 공부하시어 판사가 되셨습니다. 할아버지는 공동체 안에서 공정하고 자비로운 인물로 명성을 쌓았으며, 법정 밖에서도 자원봉사와 따뜻한 행동으로 많은 이들에게 깊은 인상을 남기셨습니다. 판사로서의 직분뿐 아니라, 인생의 멘토로서 전한 지혜와 강인함 덕분에 지역사회로부터 존경을 받으셨습니다.

할아버지가 세운 정의에 대한 명확한 신념과 지역 사회에 대한 기여는, 훗날 제국 정부가 전복되고 독재 정권이 들어섰을 때 그를 보호하는 방패가 되었습니다. 수많은 이들이 정치적 이유로 박해를 받던 시절, 그분은 그동안의 공적 덕분에 생명을 지키고 사명을 이어갈 수 있었습니다.

저의 어머니에게 할아버지는 단순한 공직자가 아닌, 따뜻한 가정의 중심이자 사랑이 넘치는 아버지였습니다. 어머니는 늘 모든 사람에게 친절하라고 가르치셨던 할아버지의 말씀을 지금도 생생히 기억하십니다. 안타깝게도 할아버지는 어머니가 중학교에 재학 중이던 시기에 세상을 떠나셨지만, 할아버지의 삶과 정신은 우리 가족에게 여전히 깊은 울림을 주고 있습니다.

머나먼 한국 땅에서 자유를 위해 싸운 젊은 병사에서 정의와 공동체를 위해 헌신

궁정 근위대로 입대 직후의 할아버지 케베데 아바테 웬데 상병 (1949)

어머니와 함께한 할아버지 (1972)

한 판사로 거듭나기까지 제 할아버지의 삶은 회복과 희망의 여정을 담고 있습니다. 그분의 이야기는 단순히 한 가족의 기억에 머무는 것이 아니라 세상을 더 나은 방향으로 이끌고자 헌신한 한 인간이 남긴 깊은 울림이며 오늘날 우리 모두에게 여전히 살아 있는 감동과 영감의 원천입니다.

미래 세대에서 보내는 메세지: 역사를 통해 배우다

한국의 젊은 세대에게 부탁드립니다. 여러분의 역사를 잊지 말아주시길 바랍니다. 오늘날 여러분이 누리는 평화와 번영은 전 세계 곳곳에서 온 수많은 이들의 희생 덕분에 존재합니다. 그 희생 속에는 저의 할아버지도 포함되어 있습니다. 여러분의 조부모와 증조부모는 미래 세대가 자유롭게 살아갈 수 있도록 전쟁과 고난을 견뎌냈습니다. 역사는 평화가 얼마나 연약한 것인지를 우리에게 경고합니다. 평화는 보호받고, 키워져야 하며, 결코 당연하게 여겨져서는 안 됩니다.

그리고 세상에 젊은 세대들에게 부탁합니다. 역사를 잊는 대가가 얼마나 큰지 이해해 주시길 바랍니다. 오늘날 우리는 전쟁과 난민 위기, 사회경제적 · 정치적 불안정, 그리고 심화되는 불평등이 불러오는 참혹한 결과를 목격하고 있습니다. 분쟁은 여전히 국가를 갈가리 찢고 있으며, 과거의 교훈이 무시되기 때문에 많은 사람들이 고통받고 있습니다. 철학자 조지 산타야나(George Santayana)는 "과거를 기억하지 못하는 자는 그것을 반복할 운명에 처한다(Those who cannot remember the past are condemned to repeat it)"고 말했습니다. 제 할아버지는 자신의 전쟁이 아닌 전쟁에 참전하며 자신을 뛰어넘는 대의를 믿었습니다. 그의 이야기는 우리 모두가 연결되어 있으며, 한 국가의 고통이 전 세계에 영향을 미칠 수 있음을 증명합니다. 역사를 배우지 못한다면, 우리는 과거의 아픈 실수를 되풀이할 위험에 처하게 될 것입니다.

오늘 우리가 내리는 선택이 내일의 세계를 결정합니다. 우리는 분열과 증오, 폭력이 미래를 지배하도록 내버려 둘 것인가, 아니면 단결과 정의, 평화를 선택할 것인가? 우리는 결코 그러한 어둠의 세력이 우리 세상을 지배하거나 앞서간 이들의 교훈을 묵살하도록 허락해서는 안 됩니다.

만약 18세의 젊은 에티오피아 병사였던 제 할아버지가 전혀 만나본 적 없는 사람들을 위해 먼 이국땅으로 떠나 싸우고, 다시 돌아와 봉사의 삶을 일구었다면, 우리 역시 변화를 만들어낼 힘이 있습니다. 이 이야기는 단지 그의 이야기가 아니라 우리 모두의 이야기이며, 용기와 희생, 그리고 인간 정신의 불굴의 힘을 증명하는 기록입니다. 우리 모두가 이 유산을 기리며, 역사를 기억하고 하나 되어 더 나은 세상을 건설하는 세대가 되기를 바랍니다. 우리 모두를 위해서 말입니다.

프랑스 FRANCE

참전 기간	1950년 7월 22일 ~ 1965년 6월
총 파병 인원	3,421명
지상군	보병 대대 1개 병력 1,185명
해군	구축함 1척
유엔군 피해 현황	전사 262명 부상 1,008명 실종 7명 포로 12명 총계 1,289명

한국전쟁 참전 기념비는 경기도 수원시 장안구 파장동에 위치해 있습니다.

조용한 영웅:
한국전쟁에 참전한 프랑스인 제 할아버지 이야기

베르나르 프리글동델을 기리며

글쓴이

알리스 프리글동델

Bernard Prigl d'Ondel
(베르나르 프리글동델)
프랑스 대대 참전 용사

Alice Prigl d'Ondel
(알리스 프리글동델)
한국외국어대학교

자기소개

알리스 프리글동델의 사진

제 이름은 알리스 프리글 동델(Alice Prigl d'Ondel)이며, 프랑스 출신으로 한국에 거주한 지 4년이 넘었습니다. 돌이켜보면, 제 삶과 한국의 인연은 어쩌면 운명이었는지도 모르겠습니다. 2000년대, 지금처럼 K-드라마나 한국 문화가 널리 알려지지 않았던 시절, 저는 언니와 함께 한국 드라마를 즐겨 보곤 했습니다. 해외에 나가본 적도 없고, 한국에 대해 아는 것도 거의 없었지만, 낯선 그 나라의 이야기와 문화, 그리고 독특함에 점점 매료되기 시작했습니다.

그렇게 시간이 흐르던 어느 날, 2020년 10월, 저에게는 인생의 전환점이 될 한 통의 연락이 도착했습니다. 고모가 한국 주재 프랑스 대사관으로부터 받은 편지를 보여주며 놀라운 사실을 전해준 것입니다. 제 할아버지, 베르나르 프리글 동델(Bernard Prigl d'Ondel)이 한국전쟁 참전 용사였다는 내용이었습니다. 이 편지를 통해 저는 한국전 참전용사의 후손으로서 특별 장학 프로그램에 지원할 자격이 있다는 사실을 알게 되었고, 이 발견은 제 삶을 완전히 바꾸어 놓았습니다.

곧바로 장학금에 지원했고, 그해 크리스마스 즈음 합격 소식을 받았습니다. 그리고 2021년 2월, 저는 한국외국어대학교에서 학업을 이어가기 위해 한국으로 이주했습니다. 어린 시절 동경하던 그 나라가 이제는 단순한 관심을 넘어, 제 가족과 깊은 역사적 연대를 나누는 나라가 된 것입니다.

이제 국제학을 전공하며 학업의 마무리를 앞두고 있는 지금, 저는 지난 4년 동안 한국의 역사와 문화를 더 깊이 이해할 수 있었고, '한강의 기적'이라 불리는 눈부신 경제 발전의 현장을 직접 체험할 수 있었습니다. 이러한 경험은 저에게 깊은 감동과 영감을 주었고, 앞으로 저는 이 모델을 세계의 다른 지역에도 적용해 볼 수 있도록 개발 분야에서의 진로를 계획하고 있습니다.

프랑스의 헌신

　프랑스의 한국전쟁 참전은 국제법을 존중하고 냉전 초기 세계 평화에 기여한 중요한 역사임에도 불구하고, 자국의 역사나 학교 교육 과정에서는 종종 간과되곤 합니다. 1950년 7월 22일, 영국, 터키, 호주에 이어 프랑스는 북한의 침공으로 위협받던 대한민국의 영토 보전을 회복하기 위한 다국적군 참여를 선언하였습니다.

　제2차 세계대전의 상흔이 아직도 깊게 남아 있던 시기, 프랑스는 자국의 회복 과정 속에서도 현역 및 예비군을 중심으로 자원병 부대를 창설하였습니다. 이 부대는 제1차, 제2차 세계대전에서 활약한 명장 몽클라르(Monclar) 장군의 지휘 아래 조직되었으며, 열악한 여건과 제한된 자원 속에서도 용기와 끈기를 상징하는 존재로 자리매김했습니다.

　1951년 1월의 원주 전투는 프랑스 대대의 활약을 대표하는 전투 중 하나였습니다. 이 전투에서 프랑스 병력은 연합군과 함께 중공군의 진격을 저지하며 결정적인 역할을 했습니다. 특히, 이들이 감행한 대검 돌격은 전 세계의 주목

한국에 파병된 프랑스 유엔군 대대 자원병들이 화염방사기 시험을 실시하는 모습

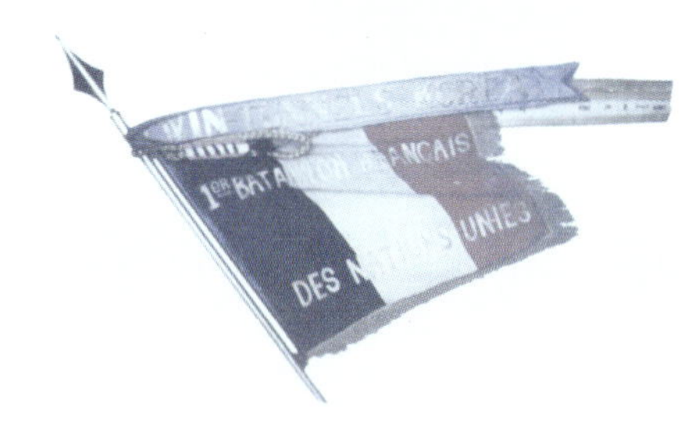

한국전 프랑스 대대의 군기

부산 유엔기념묘지에 안장된 프랑스군의 묘역

을 받았고, 프랑스 대대는 이후 쌍굴 전투(Battle of Twins Tunnels)와 지평리 전투 (Battle of Chipyong-ni)에서도 맹활약하며 미 8군의 반격을 견인하였습니다. 지평 리 전투에서는 무려 3일간 네 개의 중국 사단에 맞서 싸우며 적의 공세를 막아냈고, 이로 인해 미 대통령 부대표창을 여러 차례 수훈하는 영예를 안았습니다. 특히 1951 년 봄 화천 전투에서의 활약으로 세 번째 대통령 부대표창 수훈하였습니다.

전쟁이 계속되는 가운데, 프랑스 대대는 단장의 능선 전투(the Bloody Battle of Heartbreak Ridge), 청원 전투 등에서도 치열한 저항을 이어갔으며, 1953년 겨울과 봄에 걸친 일련의 전투에서는 북한 및 중공군의 서울 진격을 저지하는 데 결정적인 기여를 하였습니다. 이처럼 프랑스 대대는 전쟁 전반에 걸쳐 수차례에 걸쳐 뛰어난 용맹함을 보여주었습니다.

1953년 6월 정전협정 체결 당시까지 총 3,421명의 프랑스 병사들이 한국전쟁에 참 전하였으며, 이 중 262명이 전사했습니다. 그 가운데는 장교 9명과 부사관 26명이 포 함되어 있었으며, 다수의 병사들이 부산 유엔기념공원에 안장되어 있습니다. 프랑스 는 이렇게 한국전쟁을 통해 고귀한 희생과 헌신의 흔적을 남기며 대한민국 역사 속 에 깊이 자리잡게 되었습니다.

할아버지 이야기

할아버지, 베르나르 프리글동델의 모습

제 할아버지, 베르나르 프리글 동델은 1924년 12월 21일, 레바논 베이루트(Beirut, Lebanon)에서 태어나 셨습니다. 깊이 뿌리내린 신념에 따라, 제2차 세계대 전 당시 프랑스 레지스탕스에 합류하셨고, 1945년 말 전역하셨습니다. 이후 민간인으로서 네 해 동안 페인 트 공장에서 일했는데, 매일같이 유해한 연기로 인해 고통을 겪으셨다고 합니다. 그러던 어느 날, 평소처럼 라디오를 켜셨을 때, 한국전쟁에 참전할 병사를 모집 한다는 방송을 들으셨고, 한국이 어디에 있는지도 모른 채 강한 이끌림을 느껴 자원하셨습니다. 그렇게 할아버지는 1950년 12월, 첫 번째 프랑스 파병 부대에 합류하셨습니다.

한국에 도착하신 후 처음으로 마주한 현실은 상상 이상의 빈곤이었습니다. 오랜 항해 끝에 도착한 그 땅은 할아버지가 미처 예상하지 못했던 참혹한 상황이 펼쳐져 있었고, 기후 또한 충격적일 만큼 혹독했습니다. 준비가 턱없이 부족했던 병사들에게 한국의 추위는 말 그대로 잔혹했습니다. 지형은 거칠었고, 전투는 쉴 새 없이 이어졌습니다. 그 가운데서도 할아버지께서 가장 깊이 간직하신 슬픈 기억은, 지뢰와 포탄이 날아드는 전장의 혼란 속에서 부상당한 전우를 등에 업고 간신히 도착했지만, 도착한 순간 그가 이미 숨져 있었다는 사실을 깨달았을 때였습니다. 그날의 무게는 평생 할아버지의 마음속에 남아 있었습니다.

1951년 1월, 할아버지는 일본으로 전출되셨습니다. 영어, 프랑스어, 아랍어에 능통하셨기에, 미군 병원으로 부상병을 이송하는 업무를 맡게 되셨습니다. 이때 카메라를 구입

한국전쟁 참전 중 할아버지께서 촬영하신 사진들

하시고, 전쟁의 현실을 사진으로 담기 시작하셨습니다.

1951년 4월, 마침내 다시 한국으로 복귀하신 할아버지는 가파른 산악 지형에서 벌어진 치열한 전투에 투입되셨고, 단장의 능선 전투에도 참전하셨습니다. 할아버지는 전투 중에도 사진 촬영을 멈추지 않으셨고, 400장이 넘는 사진을 남기셨습니다. 이 사진들은 오늘날 프랑스 군인의 한국전 경험을 생생히 전하는 귀중한 역사 기록으로 남아 있습니다.

1년 간의 임무를 마치신 후, 할아버지는 프랑스로 돌아오셔서 전자 분야에서 경력을 쌓기 시작하셨습니다. 1958년에는 결혼하셨고, 세 자녀를 두시며 파리 근교에서 조용한 삶을 사셨습니다. 그 긴 여정에도 불구하고, 할아버지는 한국전 당시의 이야기를 가족에게, 심지어 제 아버지에게조차 거의 나누지 않으셨습니다. 저 역시 유엔 한국전 참전용사 후손 장학 프로그램에 지원하게 되기 전까지는 그 사실을 몰랐습니다. 이 장학금을 통해 저는 할아버지를 더 가까이 이해할 수 있는 기회를 얻었고, 조용한 분이셨던 할아버지와의 연결고리가 깊어졌습니다. 2020년 10월부터 우리는 그분의 이야기를 하나하나 되짚으며, 가족의 유산을 새롭게 발견해 나갔습니다.

할아버지는 백 번째 생신을 정확히 한 달 앞두고 세상을 떠나셨습니다. 할아버지께서는 용기와 희생의 삶을 살아오셨고, 무엇보다도 전쟁의 참상을 직접 기록한 귀중한 사진 자료를 남기며 역사에 값진 증언을 남기셨습니다. 장례식에서는 제2차 세

할아버지가 한국으로 향하는 배 위에서 전우들을 찍은 사진 (1950년)

"한국으로 향하는 배 안에서, 프랑스 병사들은 짧은 전쟁이 될 것이라 예상했다."
– 프랑스 국방사연구소(SHD) 소속 군사 역사학자이자 『한국전쟁(La guerre de Corée)』의 저자, 카도 중령

계대전과 한국전쟁에서의 헌신을 기려, 프랑스 최고 훈장인 레지옹 도뇌르 훈장이 추서되었습니다. 이는 그의 탁월한 봉사와 그가 남긴 위대한 유산에 대한 진정한 경의였습니다.

생전에 할아버지는, 특히 말년에는 한국에 다시 가보고 싶다는 말씀을 자주 하셨습니다. 전쟁 이후 눈부신 변화를 이룬 한국의 모습에 깊은 인상을 받으셨고, 한국 국민의 강인한 회복력과 놀라운 발전을 진심으로 존경하셨습니다. 그는 한국이 폐허 속에서 일어나 세계가 주목하는 나라로 성장한 것을 보며 늘 감탄했고, 그 놀라운 변화를 진심 어린 존경의 마음으로 자주 이야기하시곤 했습니다.

미래세대에게 보내는 메시지

할아버지께서 한국에서 걸어가신 놀라운 여정을 되돌아보며, 저는 오늘을 살아가는 젊은 세대에게 지금 이 순간이 얼마나 소중한지, 그리고 우리가 평화로운 시대에 살고 있다는 것이 얼마나 큰 축복인지를 새삼 깨닫게 됩니다. 저 역시 스물일곱 살의 나이로 한국에 살고 있는데, 지금 제가 보고 있는 이 나라는 평화롭고 번영하는 현대 국가일 뿐만 아니라, 같은 나이였던 제 할아버지께서 마주했던 폐허의 땅과는 너무도 다른 모습입니다. 전쟁과 가난으로 황폐해졌던 그 땅은 이제 회복력과 강인함, 그리고 눈부신 변화를 바탕으로 다시 태어났습니다.

한국이 걸어온 이 위대한 여정을 떠올릴 때마다, 우리는 평화와 생존을 위해 싸웠던 이들의 유산을 기억하고 이어가야 할 책임이 있다는 것을 느낍니다. 할아버지의 이야기는 역사가 단지 연도와 사건들의 나열이 아니라, 실존했던 사람들이 남긴 숭고한 희생과 선택으로 이루어진 살아 숨 쉬는 현실임을 일깨워줍니다.

오늘날 우리는 기술의 비약적인 발전, 기후 변화에 대한 대응, 분열된 세계 속에서의 평화 추구 등 수많은 가능성과 도전을 동시에 안고 살아가고 있습니다. 그러나 우리가 진정한 변화를 만들어내기 위해서는, 과거로부터 배워야 하며, 점차 우리 곁을 떠나고 있는 앞선 세대의 유산을 기억하고 되새겨야 합니다. 그래야만 우리는 더 나은 미래를 만들어갈 수 있을 것입니다.

미국 / 대한민국 USA / REPUBLIC OF KOREA

8240부대

창설일: 1949년 6월 1일
해체일: 1953년 7월 27일
(한국전쟁 정전 후 대한민국 육군에 흡수됨)

주요 임무

- 서해 도서 및 연안 방어
- 북한에 대한 군사 정보 수집
- 북한에 대한 침투 및 게릴라전 수행
- 파괴 공작 임무 수행

소속

- 미 극동사령부 (FECOM)
- 유엔 한국 유격군 (UNPIK)
- 대한민국 육군 (ROKA)

잊혀진 전쟁, 잊혀진 부대,
그리고 그 속의 잊혀진 전사

최경진을 기리며

글쓴이
모니카 최 스토이

Kyungjin Choi(최경진)
지휘관

Monika Choi Stoy(모니카 최 스토이)
미 육군 대위

자기소개

C. 모니카 스토이, 버지니아주
마운트버논에서 조지 워싱턴 293주년 생일
기념 행사 참석 (2025년 2월)

    저는 최경진과 지해숙의 딸, C. 모니카 스토이 (Monika C. Stoy)입니다. 저희 가족은 1973년에 미국으로 이민을 갔고, 저는 1975년 미 육군에 입대했습니다. 이후 20년간 복무한 뒤 대위 계급으로 명예롭게 전역했으며, 노스캐롤라이나 주립대학교 (North Carolina State University)에서 성인교육학 석사 학위를 받았습니다. 군 복무 중에는 공수부대에서 근무하며 미국을 비롯해 독일, 프랑스, 이탈리아, 독일의 공수 휘장을 수여받았고, 1991년에는 이라크 북부에서 펼쳐진 'Provide Comfort 작전'에 참전하였습니다.

    현재 저는 군사 역사학자로 활동하며, 제3보병사단 미군 재향군인회를 위한 비영리 단체인 '아웃포스트 인터내셔널(Outpost International Society)' 회장을 맡고 있습니다. 이 단체는 미국과 해외에서 제2차 세계대전과 한국전쟁에 관한 역사 세미나를 주관하고 있으며, 프랑스, 독일, 오스트리아, 한국 등지에서 열리는 기념 행사에 꾸준히 참여하고 있습니다.

    저는 한국전쟁 당시 유격대 지휘관으로 활약한 8240부대 소속 최경진 용사의 딸로서, 이 부대와 미군 고문단의 역할을 조명하기 위한 강연을 진행하고 있습니다. 또한 8240부대 참전용사회의 미국 대표로 활동하며, 한국전쟁을 잊지 않기 위해 기여한 공로를 인정받아 2015년 대한민국 국무총리 표창을 수훈하였습니다.

    아버지와 그의 전우들의 헌신을 기리기 위해, 남편과 저는 아버지의 이름으로 여러 차례 기부를 진행해 왔습니다. 그 결과, 아버지의 이름은 현재 미국 육군국립박물관(National Museum of the United States Army, NMUSA)의 '명예의 원(Circles of Distinction)' 벽에 새겨져 있습니다. 또한 저희는 8240부대를 기념하기 위해, 기념 식수와 NMUSA 내의 기념 벽돌, 그리고 노스캐롤라이나주 페이엇빌에 위치한 공수 및 특수작전 박물관(Airborne and Special Operations Museum)에 설치된 부대 기넘석 조성을 후원하였습니다.

미국 시민으로서 저는 1950년 6월, 북한의 남침으로 촉발된 한국전쟁 당시 미국이 한국의 자유와 통일을 위해 나섰던 일에 깊은 감사를 느낍니다. 대한민국의 자유와 평화를 위해 싸우던 수많은 미군 장병들이 한국 땅에서 목숨을 바쳤고, 저는 그들의 희생을 결코 잊지 않을 것입니다. 그러나 그들의 노력에도 불구하고 한반도가 여전히 분단된 채 남아 있다는 현실은 가슴 아프기만 합니다.

저는 사람들에게 이 이야기를 전할 때마다 꼭 강조합니다. 한국전쟁은 단순한 국제전이 아니라 본질적으로 한국인의 내부에서 벌어진 비극적인 내전이었습니다. 그리고 이 전쟁에서 가장 큰 희생을 치른 이들은 바로 조국을 위해 싸운 수십만 명의 한국 군인들과 헤아릴 수 없는 민간인들이었습니다.

저는 한국에서 태어나 자라며 이 땅의 아픔을 온몸으로 겪으며 살아왔습니다. 전쟁으로 인해 삶의 터전을 잃고, 가족을 잃고, 희망마저 잃어야 했던 수많은 무고한 한국인들의 고통을 생각할 때마다 깊은 슬픔이 밀려옵니다. 그리고 이 모든 비극의 시작이 1945년, 한국인의 뜻은 외면한 채 내려진 분단 결정—즉, 이 땅의 자주적 통일과 독립을 무시한 잘못된 선택에서 비롯되었다는 사실에 대해 저는 지금도 깊은 분노를 느낍니다.

노스캐롤라이나주 페이엣빌 항공 및 특수작전박물관 내 8240 부대 기념석

대한민국 특수전사령부 본부 내 8240 부대 기념비

아버지의 이야기

저의 아버지 최경진은 1928년 3월 9일 평양에서 일곱 남매 중 넷째로 태어났습니다. 유복한 가정에서 자란 아버지는 1885년 미국의 선교사 호러스 G. 언더우드(Horace G. Underwood)가 설립한 경신학교에서 중등교육을 받았습니다. 경신학교는 한국 최초의 기독교 선교 학교로, 아버지는 이곳에서 중학교와 고등학교 과정을 모두 마쳤습니다.

그러나 1945년 8월, 일본의 항복 이후 나라가 분단되면서 아버지는 평양에 계신 가족을 더 이상 찾아뵐 수 없게 되었습니다. 그때부터 돌아가시는 날까지, 아버지는 한국의 통일을 간절히 바랐고, 가족의 소식을 알지 못한 채 세상을 떠나셨습니다. 아버지는 자신의 삶을 송두리째 무너뜨린 공산주의 체제에 대한 깊은 분노와 증오를 평생 간직하셨습니다.

아버지는 1949년 6월 경신고등학교를 졸업하였고, 당시 교장님의 추천으로 성균관대학교에 지원하여 그해 여름 입학하게 되었습니다. 하지만 이 이야기에는 비극적인 후일담이 있습니다. 아버지의 고등학교 동창들 가운데 육군사관학교에 입교한 친구들은 1950년 한국전쟁 발발 초기, 사관생도로 참전했다가 모두 전사하였습니다.

성균관대학교 재학 중 아버지는 신입생 대표로 선출되었고, 재학 중이던 시기에 다시 고등학교 교장님의 추천을 받아 미 육군 군사고문단(KMAG: Korean

최경진, 대학 신입생 대표 시절 (1949년)

최경진, 1951년 모습

해주 상륙 작전, 10월 20일

Military Advisory Group)이 모집하던 정보조직에 들어가게 되었습니다. 이 조직은 한국연락처(KLO: Korean Liaison Organization)라는 이름으로, 북한 내의 군사 및 정치 활동에 대한 정보를 수집하는 임무를 수행했습니다.

당시 미국 측은 북한의 치밀한 보안체계를 뚫기 위해 일반 주민 속에 자연스럽게 스며들 수 있는 북한 출신 요원을 필요로 했습니다. 낯선 사람은 항상 감시 대상이 되었고, KLO 요원은 순발력 있게 상황에 대처할 수 있어야 했습니다. 아버지는 북한 사투리를 유창하게 구사했고, 특히 평양과 그 주변 지형에 익숙했으며, 무엇보다 공산주의에 대한 강한 반감을 가지고 있었기에 이상적인 인물로 평가되었습니다.

아버지는 북한 점령지역 후방으로 여러 차례 침투 작전을 수행하셨으며, 1950년 10월에는 압록강까지 진출해 중공군이 대규모로 북조선으로 넘어오는 장면을 직접 목격하셨습니다. 아버지는 당시의 상황을 "개미 떼처럼 몰려드는 모습이었다(Think as ants)"고 회상하셨습니다.

이 작전에서 아버지와 그의 팀은 귀환 도중 미 제1기병사단으로 추정되는 부대에 의해 '포로'가 되었습니다. 제1기병사단은 당시 유엔군 중 서부 전선에서 가장 북쪽에 전진해 있었으며, 중공군의 첫 공격을 받은 부대이기도 합니다. 아버지는 제1기병사단 특유의 말머리가 그려진 노란색과 검은색 패치를 기억하셨습니다.

아버지는 자신과 팀이 KLO 요원임을 밝히고, 군사고문단(KMAG) 측에서 확인할 수 있는 암호를 제공하였습니다. 억류 기간인 나흘 동안 그들은 전쟁 규정에 따라 인도적인 대우를 받았고, 음식도 제공받았으며 학대 없이 KLO 측에 인계되었습니다.

저에게는 '해주 상륙 작전 1950년 10월 20일'이라고 적힌 아버지의 사진이 있습니다. 이 사진은 1950년 10월, 유엔군이 평양을 점령한 지 약 일주일 후에 KLO가 수행한 일련의 상륙 작전 중 하나로 보입니다. 아직 이 작전에 대한 공식 문서는 찾지 못했지만, 날짜상 미 제187공수연대전투단(187th Airborne Regimental Combat Team)이 숙천과 순천 지역에서 작전을 수행한 시기와 일치합니다. 해주 상륙은 당시 평양을 탈출하던 김일성과 북한 정권 인사들의 도주를 차단하거나 그들을 생포

1951년 초, 지리산에서 동료 유격대원들과 함께한
최경진

1951년 여름, 8240 부대 간부들과 함께한 최경진

1952년 또는 1953년 크리스마스, 동료 유격대원들과
함께한 최경진

하기 위한 보다 광범위한 작전의 일환
이었을 가능성이 높습니다.

1951년 1월, 한국전쟁 중 정보 임무
를 수행하던 아버지는, 1945년 분단
이후 처음으로 고향 평양을 다시 찾
게 되었습니다. 그리고 그곳에서 우
연히 시청 공무원이었던 큰형을 마주
쳤습니다. 아버지가 조심스럽게 형을
불렀고, 형은 그를 알아보고 경고했
습니다. 공산당이 점령한 집에서 가
족들은 이미 아버지가 남한군에 의해
사망했다고 말해둔 상태였기에, 그의
존재가 발각되면 모두가 위험해질 수
있었습니다. 형제는 이튿날 아침 아
버지와 만날 약속을 했지만, 그날 밤
아버지의 부대는 철수 명령을 받았
고, 결국 아버지는 평생 아버지를 다
시 만날 기회를 갖지 못했습니다. 그
만남은 가족과의 마지막 연락이었습
니다. 그리고 며칠 뒤인 1951년 1월 4
일, 중공군이 서울을 다시 점령했습
니다.

아버지가 제게 들려주신 또 다른
위험한 임무는 지리산에서 수행한 공
비 소탕 작전이었습니다. 1950년 9월
인천상륙작전과 부산 교두보 탈출 이
후, 남한에 고립된 북측 정규군 병력

일부가 전라도 지리산으로 숨어들었습니다. 지리산은 험준한 산세와 드문 인구로 인해 수백 년 동안 도적과 반란군의 은신처로 알려진 곳이었습니다. 이들 병력은 장교들에 의해 재조직되어 유엔군 보급로와 후방 시설을 공격하며 활동을 이어갔고, 일정한 성과도 거두었습니다.

아버지는 이 작전에 대해 구체적인 세부사항이나 어느 부대 소속이었는지를 밝히지 않으셨지만, 지리산 봉우리에서 4인조 팀원들과 찍은 사진이 있었고, 당시 작전 중 북한군 빨치산 부대로 오해받아 대한민국 군에 붙잡혀 심한 구타를 당했다고 말씀해 주셨습니다. 팀원 중 한 명은 그 과정에서 사망했으며, 나머지 팀원들은 신원이 확인된 후 미군 측에 인계되어 풀려났습니다.

1951년 7월, KLO는 '8240부대 유엔한국유격대'라는 명칭으로 재편되었습니다. 이 부대는 적의 후방 깊숙한 곳에서 철교, 터널, 기타 주요 시설을 타격하거나 군사 정보를 수집하는 등 유격전을 수행했습니다. 1만에서 1만5천 명에 달하는 이들 유격대원은 대부분 중공군의 참전으로 유엔군이 북부에서 철수하게 된 1950년 말, 북에서 도망쳐 서해안의 섬으로 피신한 사람들이었습니다. 공산주의에 극렬히 반대했던 이들은 고향과 마을에 다시 공산 체제가 들어서는 것을 결코 받아들일 수 없었지만, 현실적으로는 그들과 싸워 이길 수 없는 상황이었습니다.

미 육군은 이들의 존재를 인지하고, 적 후방에 배치함으로써 공산군의 병력을 분산시키는 전략적 기회로 삼았습니다. 유격대는 미군으로부터 훈련과 무기, 복장, 각종 장비를 지급받았고, 미군 고문관들로부터 작전 명령을 받았습니다. 이들은 해상 침투나 육상 침투 방식으로 작전에 투입되었으며, 해상은 연합군 해군이 통제하고 있어 비교적 안전했지만, 육상 침투는 매우 위험했습니다. 작전 중에는 적군의 복장이나 민간인 복장을 입어야 했고, 특히 철수 시에는 아군이 적군으로 오인해 발포하는 경우가 많았기 때문입니다.

아버지는 'Donkey 6'와 'Wolfpack'이라는 두 부대에서 복무했습니다. 정규 급여는 없었고, 쌀이나 담요 등으로 보상 받으셨다고 했습니다. 작전에 필요한 전투 장비가 갖춰진 군복은 지급받았으며, 임무가 없을 때는 군영에서 생활했습니다.

1953년 6월, 대한민국에서 정식 지위가 없던 8240부대 유격대는 '8250부대'로 개편

되어 국군에 통합되었습니다. 이들은 1954년 6월 부대가 해체될 때까지 계속해서 미군의 지휘 아래 작전을 수행했습니다. 당시 아버지는 대위급에 해당하는 중간급 유격대 지휘관으로, 국군에 소위로 입대할 것을 제안받았지만 이를 거절하셨습니다. 너무 낮은 계급으로 모욕감을 느꼈고, 북쪽 사투리와 유격대 경력 탓에 국군 내에서 끝내 신뢰를 받지 못할 것이라 판단했기 때문입니다. 아버지는 스스로의 힘으로 공화국 재건에 기여하겠다는 의지로, 전혀 새로운 길을 걷기로 결심하셨습니다. 미군이나 대한민국으로부터 정규 급여를 받은 적도 없었고, 오직 미군으로부터의 식량 배급이 전부였습니다.

1952년에서 1953년 사이, 미군 고문관 및 동료 빨치산들과 함께한 최경진
(공항에서)

1952년에서 1953년 사이, 미군 조종사들과 함께한 최경진

한국전쟁 이후의 아버지

전쟁이 끝난 후, 부모님은 서울에 남으셨고 우리 가족은 다섯 자녀로 늘어났습니다. 부모님은 돈을 모아 청와대 인근 가회동에 전통 한옥을 구입하셨습니다. 부모님은 참기름 사업을 성공적으로 운영하셨고, 두 형은 아버지께서 다니셨던 경신고등학교에 다녔습니다. 저는 서울에서 초등학교와 중학교를 마친 뒤 고등학교 1학년 때인 1973년에 가족과 함께 미국으로 이민을 갔습니다.

가족은 버지니아 북부(Northern Virginia)에 정착했고, 부모님은 미국에서 새로운 삶을 위해 열심히 일하셨습니다. 아버지는 1990년대 초 제가 미 특수작전부대에서 복무할 때까지 한국전쟁 참전자였던 사실을 저에게 말씀해 주지 않으셨습니다. 그때서야 아버지가 반공 게릴라 부대 출신임을 알게 되었지만, 경험에 대해서는 좀처럼 이야기하시려 하지 않으셨습니다. 저는 조금씩 이야기를 끌어내야 했고, 당시 더 많은 질문을 하지 못한 게 아쉽습니다. 아버지는 항상 몇 분 이야기하시다가 "내일 하자"라며 금세 일상으로 돌아가셨습니다.

그러나 아버지는 KLO와 8240 부대에서 복무하던 시절의 사진들을 저에게 보여주셨습니다. 그 시절 사진을 소장한 이는 매우 드물며, 제가 교류하는 한국 역사학자들도 그 희귀함에 놀라곤 합니다. 아버지는 미국 시민권을 취득하셨고 미국인임을 매우 자랑스러워하셨지만, 동시에 한국인으로서의 정체성도 굳건히 지키셨습니다. 한국전쟁에서 함께 싸운 미군들을 늘 칭찬하셨고, 미−한 동맹이 양국 안보에 필수적이라고 믿으셨습니다.

아버지는 1973년, 자녀들이 자유로운 사회에서 좋은 교육과 직업 기회를 누리길 바라며 미국 이민을 결심하셨습니다. 1970년대 초 한국은 아직 오늘날 세계 10대 경제 강국으로 성장하기 전이었고, 정치적 불안과 남북 간 긴장 상태가 지속되어 걱정이 많으셨습니다. 저는 부모님께서 저와 형제들을 위해 치르신 희생

1998년, 워싱턴 D.C. 한국전 참전용사 기념비 앞의 최경진

에 깊은 감사를 드립니다. 우리는 한국에서 안정된 삶을 살고 있었지만, 아버지는 미국에서 더 나은 미래를 꿈꾸셨습니다.

그리고 아버지는 2009년 2월 3일에 돌아가셨습니다. 매일 아버지께서 저와 가족을 위해 기꺼이 희생하신 그 은혜를 깊이 생각하며 기억합니다.

오늘날을 위한 메세지

저는 미국과 대한민국 간의 정치 · 군사 동맹이 양국 모두에 여전히 매우 중요하다고 믿습니다. 아시아 지역에서 미국의 안보와 경제적 이익이 점점 더 커지는 가운데, 대한민국은 동맹이자 우방으로서의 역할이 더욱 확대되고 있으며, 아시아의 평화와 안정을 유지하는 데 없어서는 안 될 파트너로 자리매김하고 있습니다.

하지만 미국과 대한민국의 젊은 세대가 한국전쟁의 교훈을 잊고 있는 점이 걱정스럽습니다. 특히 대한민국의 젊은이들은 조부모와 부모 세대가 전쟁 이후 오늘날의 대한민국을 세우기 위해 치른 희생과 성취에 대한 감사의 마음이 부족한 듯합니다. 더 나아가, 젊은 세대는 한국전쟁이 아직 끝나지 않았다는 사실조차 제대로 인식하지 못하고 있습니다.

1953년 7월 27일 체결된 휴전협정은 대한민국이 서명한 것이 아니며, 남북한 간에는 여전히 전쟁 상태가 유지되고 있습니다. 지난 72년간 비교적 안정된 시기가 지속되었지만, 이 현실은 모든 대한민국 국민이 높은 경계심과 철저한 대비 태세를 갖춰야 함을 요구합니다.

WE REMEMBER

By: M. Garvey

We remember!

Those who left their homes
to fight in a land they never knew.
We remember those who knew not
what lay ahead, but went anyway.

We remember those who faced the
bitter cold, the rugged mountains,
the deafening guns.

We remember those who saw
brothers fall,
yet held the line and pressed on.

We remember those who never returned,
whose names are etched in stone,
and in our hearts.

We remember those who returned,
carrying the scars of war,
seen and unseen.

We remember their courage.
We honor their sacrifice.
We cherish their legacy.

We remember!

우리는 기억합니다!

한 번도 가본 적 없는 낯선 땅에서
싸우기 위해 집을 떠난 그들을.
무엇이 기다리고 있을지 모르면서도
길을 나선 그들을.

우리는 기억합니다.
살을 에는 추위, 험한 산들, 귀를 찢는
포성 속에서 싸운 그들을.

우리는 기억합니다.
전우들이 쓰러지는 걸 보면서도
결코 물러서지 않았던 그들을.

우리는 돌아오지 못한 이들을 기억합니다.
그들의 이름은 돌에,
그리고 우리의 가슴에 새겨져 있습니다.
.
우리는 기억합니다.
겉으로 드러난 상처와 보이지 않는
상처를 가지고 돌아온 그들을

우리는 그들의 용기를 기억하고
그들의 희생을 기리며
그들의 유산을 소중히 여깁니다.

우리는 기억합니다!

Part 3

Echoes of Gratitude from Korea

한국에서 울려 퍼지는 감사의 메아리

The Land Your Grandfather Visited

한국전쟁 유엔 참전용사 이야기

Sons and daughters of the world,

In a quiet land, war broke out at dawn.

"Help us! Help us!"

The flag of freedom rose,

fluttering for the cause of world democracy.

With backpacks on your shoulders, helmets on your heads,

canteens at your sides, and radios dangling from your chests,

you blue-eyed souls came running.

The golden name tags on your uniforms shone brightly.

Thank you. Truly, thank you.

You endured the cold winters in Korea,

a war unlike any other in world history.

On blood-stained earth,

you marched and marched.

On the blood you shed, our nation rose again.

Your comrades lie still

on the slopes of deep valleys,

helmets slightly tilted,

calling out for beloved parents and siblings.

They remain there still,

singing softly—Arirang, Arirang.

할아버지가 다녀가신 나라

하윤
천사운동본부 총재

세계인들의 아들 · 딸들이여!
고요한 나라에서 새벽에 전쟁이 났다.
도와주세요! 도와주세요!

세계 민주주의에 자유의 깃발이
펄럭이며 등에는 배낭, 철모를 쓰고
허리에 수통 차고, 가슴에 무전기
달랑거리며
달려온 파란 눈동자 그대여!
앞가슴 금빛 명찰이 찬란히 빛납니다.
감사합니다! 고맙습니다!

한국에 추운 겨울 나시고
세계사에도 없는 전쟁
피로 짓밟힌 자국위에
행진 행진 흘린 피 위에
우리나라는 우뚝 섰습니다.

그들의 친구들은 깊은 계곡 산비탈에서
철모를 쓰고 비스듬히 누워
사랑하는 부모 형제
이름을 부르며 아직도 그곳에
누워있습니다
아리랑 아리랑 노래를 부르며

This land you dearly missed,

now sparkles with brilliant lights,

like Broadway in America.

To a land once unknown, you came.

And now, your grandchildren have come,

walking the same path,

three generations

learning, growing, and sharing life in Korea.

The twenty-two nations who came to help

1,957,733 brave souls they sent, 37,902 never returned

103,450 were wounded in battle, 3,950 still missing in the fog of war

5,817 were taken as prisoners.

Because of your sacrifice, Korea stands tall.

Thank you. Thank you.

Words are not enough

to repay the blood you shed.

Along the paths where you once walked,

white wild roses have now bloomed.

To the veterans and their descendants,

a single bouquet each day still falls short of the gratitude owed.

May your legacy shine forever

to the world, to the future,

to the ends of the earth.

　　　　한국전쟁 유엔 참전용사 이야기

할아버지께서 그리워했던 나라
이 나라는 미 브로드웨이처럼
찬란한 불빛이 반짝입니다.
할아버지께서 이름도 모르는 나라에
오셨고 그에 손주까지
3대가 찾아와 교육을 받고 함께하며

참전용사 22개국 1,957,733명,
전사 37,902명, 부상 103,450명
실종 3,950명, 포로 5,817명
그대들의 희생에 코리아는
우뚝 섰습니다.

고맙습니다. 감사합니다.
이 한마디로 갚을 수 없어
그들이 흘린 피 떠나가신 오솔길에
하얀 찔레꽃이 피었습니다.

매일 한 다발 꺾어 받쳐도 갚을 수 없는 은혜
참전용사 들이여! 그 후손들께도

용감한 할아버지의 옛이야기 들으시며
영원토록 세계로 미래로 세상 끝까지
빛나옵소서!

In the Names of Heroes

When deep darkness covered Korea,

you rose –from distant foreign shores,

from mountains and fields of your homeland,

becoming a ray of hope amid gunfire and smoke,

standing for Korea's tomorrow.

Some of you fell

without even a name to leave behind,

resting in the cold earth.

Some carried wounds and scars

that lasted a lifetime.

Others awoke each night,

haunted by the memories of war.

Your youth,

stained with blood, sweat, and tears,

became the sacred sacrifice and courage

that built today's free and prosperous Korea.

한국전쟁 유엔 참전용사 이야기

영웅들의 이름으로

권혁철 Ph.D.
북핵문제연구소장

깊은 어둠이 한반도를 덮칠 때
당신들은 먼 이국 땅에서, 혹은 조국의 산과 들에서
총성과 포연 속에 한 줄기 희망이 되어
한국의 내일을 위해 일어섰습니다.

누군가는 이름도 남기지 못한 채
차가운 땅에 쓰러졌고
누군가는 총상과 상처를 안고
평생을 살아야 했으며
또 누군가는 전쟁의 기억 속에서
밤마다 깨어나야 했습니다.

그대들의 젊음은
피와 땀, 눈물로 얼룩졌으나
그 거룩한 희생과 용기가
오늘의 자유와 번영의 대한민국을 일구었습니다.

Had it not been for your resolve and devotion,

this land would have been lost to darkness,

and the dream of freedom, hope, and prosperity would have vanished forever.

To the veterans who are still with us,

your lives and stories

will forever be engraved in our hearts.

The sorrow of fallen comrades,

the wounds on body and soul–

upon that pain

bloomed the flowers of freedom

that we will never forget.

We call out your names

with deepest gratitude and respect.

Upon your sacrifice

stands today's Republic of Korea.

Korea will remember your courage and sacrifice forever.

Thank you. We honor you.

만약 그대들의 결의와 헌신이 없었다면
이 땅은 어둠에 묻혀
자유와 희망, 번영의 꿈은
영영 사라졌을 것입니다.

생존해 계신 용사들이여,
당신들의 삶과 이야기는
우리 모두의 가슴에 영원히 새겨질 것입니다.
전우를 잃은 슬픔,
몸과 마음의 상처,
그 모든 고통 위에 피어난
자유의 꽃을 우리는 결코 잊지 않겠습니다.

그대들의 이름을 부르며
깊은 감사와 존경을 바칩니다.
당신들의 희생 위에
오늘의 대한민국이 있습니다.

대한민국은 당신들의 용기와 희생을 영원히 기억할 것입니다.
감사합니다. 존경합니다.

Dear UN Korean War Veterans, and Your Children and Families,
First and foremost, I extend my deepest and most sincere gratitude to all of you.

In 1950, the Republic of Korea faced an unprecedented crisis. With the sudden armed invasion by communist forces, the Korean Peninsula was quickly drawn into the vortex of war, and the very survival of our nation was at stake. At that critical moment, you set foot on a distant and unfamiliar land, guided by your firm belief in justice, freedom, and peace. Without your noble decision and sacrifice, the freedom, prosperity, and democracy we enjoy today would not have been possible.

I also express my deep appreciation to your descendants. The spirit of freedom and peace that your families defended continues to inspire today's younger generation. You are the proud heirs of that honorable legacy. The Republic of Korea will never forget your sacrifice.

Your names are forever engraved in our history books, in our classrooms, on memorials—and most importantly, in our hearts. We will continue to live as responsible citizens who honor your sacrifice, safeguard peace, and uphold freedom.

May health, peace, and honor always be with you and your families.
From the bottom of my heart, thank you.

김민섭
서울대학교 교육학과

존경하는 UN 참전용사 여러분, 그리고 그 자녀와 가족 여러분께,

먼저 진심을 담아 깊은 감사의 인사를 전합니다.

1950년, 대한민국은 전례 없는 위기에 처해 있었습니다. 공산주의의 무력 침공으로 한반도는 순식간에 전쟁의 소용돌이에 휘말렸고, 나라의 존립마저 위협받던 그 순간, 여러분은 정의와 자유, 평화를 지키기 위한 신념으로 머나먼 이국 땅에 발을 내딛으셨습니다. 여러분의 숭고한 결단과 희생이 없었다면 오늘날 우리가 누리는 자유와 번영, 민주주의는 결코 존재하지 않았을 것입니다.

여러분의 후손들께도 깊이 감사드립니다. 당신들의 가족이 지킨 자유와 평화의 정신은 이 시대의 젊은이들에게도 큰 영감이 되고 있습니다. 여러분 역시 그 정신을 이어받은 자랑스러운 유산의 주인공이십니다. 대한민국은 이 은혜를 결코 잊지 않습니다.

여러분의 이름은 우리의 역사에, 교과서에, 추모비에, 그리고 우리의 마음 속에 영원히 기록되어 있습니다. 앞으로도 우리는 그 희생을 기억하며, 평화를 지키고 자유를 수호하는 책임 있는 국민으로 살아가겠습니다.

여러분과 여러분의 가족께 늘 건강과 평화, 그리고 존경이 함께하길 기원합니다.
진심을 담아 감사합니다.

Dear UN Veterans and your beloved families,

As the cadet representative of Korea Military Academy, I write this letter with deep respect and heartfelt gratitude.

More than seventy years ago, in June 1950, when the Republic of Korea was on the brink of collapse, you left behind your families and your homes to defend this country many of you had never seen before. In the face of fear, pain, and unimaginable hardship, you stood firm. Your courage and sacrifice laid the foundation for the peace and freedom we enjoy today. No words can truly express the depth of your sacrifice and dedication.

Because of your selfless devotion, the Republic of Korea has grown into a thriving democracy—a country that remembers its past and works toward a better future. Your bravery and values remain a guiding light for our generation. You have given us more than just safety— you have given us hope, dignity, and the responsibility to honor your legacy.

As a cadet and future leader of the Armed Forces, I will hold your sacrifice close to my heart. I will strive to live with the same sense of duty and compassion that you showed. Your story will not be forgotten.

We will remember, we will honor, and we will carry forward the spirit you have passed down to us. May you and your families be blessed with lasting health, peace, and love. Thank you truly for everything. With deepest respect and gratitude.

문지온
육군사관학교 생도

현재의 대한민국을 있게 해준 UN 참전용사분들 그리고 그 자녀와 가족 여러분께

안녕하십니까. 저는 육군사관학교 생도를 대표하여 이 글을 올립니다.
먼저, 조국의 자유와 평화를 지키기 위해 고귀한 희생과 헌신을 아끼지 않으신
여러분께 진심 어린 감사와 깊은 존경의 마음을 전합니다.

1950년 6월, 대한민국이 위태로웠던 그 때, 여러분들은 자신의 가족도, 고향도 뒤로한 채 이 땅을 위해 싸워주셨습니다. 전쟁의 두려움 속에서도 물러서지 않으셨고 끝내 자유와 평화를 지켜내신 그 희생과 헌신은 그 어떤 말로도 다 담을 수 없을만큼 깊고 값진 가치를 지니고 있습니다.

여러분의 헌신이 있었기에 오늘의 대한민국이 존재합니다. 그리고 그 정신은 저희가 이어가야 할 가장 고귀한 유산입니다. 저는 앞으로 어떠한 위기 속에서도 국민을 지키는 강인한 지휘관, 국가의 가치를 실현하는 책임 있는 군인이 될 것을 다짐합니다.

저는 대한민국을 위해 헌신하신 여러분의 뜻을 가슴 깊이 새기고,

장차 군을 이끌어갈 장교로서 국가와 국민을 지키기 위해 항상 최선을 다하는 군인이 되겠습니다. 여러분의 숭고한 희생과 정신을 늘 기억하고 계승해 나가겠습니다.

부디 건강하시고 여러분의 가정에 건강과 평화와 사랑이 가득하기를 기원합니다.

여러분이 지켜주신 이 나라를, 저희가 이어서 지켜나가겠습니다.

다시 한 번 감사드립니다.

전혜정
영국 Edinburgh 대학 경영학과

「한국전쟁 UN 참전용사들의 이야기」를 번역하는 과정에서, 저는 전쟁의 상처를 딛고 오늘날까지 이어져 온 용기와 헌신, 그리고 이를 기억하고자 하는 후손들의 진심을 가까이에서 느낄 수 있었습니다.

이 책에 담긴 글들은 참전용사들의 자녀와 손주 세대가 전하는 이야기입니다. 그 속에는 단순한 회고를 넘어, 자신들의 가족이 지켜온 신념과 희생, 그리고 대한민국을 향한 깊은 애정이 진실하게 담겨 있습니다. 저는 이러한 마음들이 한국의 독자들에게도 왜곡 없이, 오롯이 전달되기를 바라는 간절한 마음으로 번역에 임하였습니다.

언어는 다르지만, 자유를 위한 헌신과 그에 대한 감사는 전 세계 어디서나 통한다고 믿습니다. 이 책이 바로 그 살아 있는 증거가 된다고 생각합니다.

아울러, 머나먼 타국에서 한국의 자유와 평화를 위해 목숨을 걸고 싸우신 유엔 참전용사 한 분 한 분께 깊은 존경과 감사를 드립니다. 그분들의 숭고한 희생이 있었기에 오늘의 대한민국이 존재합니다. 우리는 그 은혜를 잊지 않고, 다음 세대에게도 반드시 기억하게 해야 합니다.

이 책이 단지 과거를 회상하는 기록을 넘어, 오늘의 우리에게는 감사와 결단의 기회로, 미래 세대에게는 책임과 영감을 주는 살아 있는 유산이 되기를 소망합니다.

소중한 이야기를 나눠 주신 유엔 참전용사 후손 여러분께 진심으로 감사드리며, 이 책을 통해 그분들의 이야기가 널리 전해지기를 바랍니다.

전혜림

영국 Edinburgh 대학 경영학과

이번 책을 한국어로 번역하는 여정은 단순한 언어적 작업을 넘어, 제 삶의 깊은 울림으로 남게 되었습니다. 22명의 한국전쟁 참전용사 후손들이 전해준 이야기를 한 문장, 한 단어에 이르기까지 온전히 옮기기 위해 마음을 다했고, 그 과정 속에서 저는 전쟁의 참혹함 너머에 자리한 사랑과 용기, 그리고 깊은 희생의 무게를 온몸으로 느낄 수 있었습니다.

어릴 적부터 한국전쟁에 대해 배워왔기에, 지금 우리가 누리는 평화가 결코 당연한 결과가 아니라는 것은 알고 있었습니다. 그러나 이 책을 번역하며 처음으로, 그 당시 낯선 땅과 언어, 문화 속으로 달려온 수많은 젊은이들의 인간적인 서사에 가슴 깊이 다가갈 수 있었습니다. 그들은 단지 나라의 명령을 따른 군인이 아니라, 타인을 위한 사랑과 정의감을 품고 행동한 이들이었습니다.

번역을 하던 어느 날, 17세의 콜롬비아 참전용사가 남긴 짧은 증언 앞에서 저는 손을 멈추고 말았습니다.

"우리는 그냥 아이들이었어요. 장난치는 걸 좋아했고, 뛰어노는 걸 좋아했죠. 영화에 나오는 전사 같은 모습은 전혀 아니었어요."

그는 자신을 '아이였던 병사'라고 불렀습니다. 뛰놀고 웃음 짓던 평범한 청년들, 이름 없는 수많은 이들이 그렇게 총을 들고 전장에 나섰습니다. 우리는 흔히 참전용사들을 '영웅'이라 부르지만, 그들은 누군가의 아들이었고 친구였으며, 전쟁이 아니었다면 그저 평범하게 살아갈 수 있었던 사람들이었습니다. 그들의 '평범했던 하루'가, 누군가에게는 생명을 지켜준 기적이었습니다.

특히 저를 울컥하게 했던 또 다른 증언이 있습니다. 어떤 참전용사는, 손녀에게 한국에서 처음 본 눈 이야기를 자주 들려주었다고 했습니다. 그날 새벽, 눈으로 덮인 풍경을 보고 폭격이라 생각했다는 이야기였습니다. 그러나 그는 이 경험을 전쟁의 공포가 아닌 아름다움으로 기억하며 이렇게 말했습니다.

"미하, 그날은 정말 추웠단다."

전장을 다녀온 이들이 후손에게 전하고 싶었던 기억이, 총성과 죽음이 아닌 '처음 본 눈'과 같은 따뜻한 장면이었다는 사실은 참으로 먹먹했습니다. 한국을 어떤 나라로 기억하고 남기고 싶었는지를 보여주는 상징적 순간이기도 했습니다.

그 후손들 중 많은 이들이 지금 한국에 머물며 배우고, 살아가고, 꿈꾸고 있다는 사실 또한 깊은 감동으로 다가왔습니다. 전쟁은 과거에 머물지 않았고, 유산은 지금도 이어지고 있다는 증거이자 기적입니다. 저 역시 이 책을 통해 그들과 '번역'이라는 연결고리를 맺을 수 있었던 것이 얼마나 감사한 일인지 모릅니다.

오늘의 대한민국은, 그들이 흘린 피와 땀, 그리고 하나님의 은혜 위에 세워졌습니다. 이번 작업을 통해 저는 이 사실을 더 깊이 마음에 새기게 되었고, 이 땅에 사는 한 사람으로서 그 유산을 기억하며 살아가야 한다는 책임 또한 새롭게 느끼게 되었습니다.

번역은 고독하고 인내를 요하는 일이지만, 한 줄 한 줄을 옮겨가며 저는 이 문장을 되뇌었습니다.

"한국은 결코 혼자 일어서지 않았습니다."

이 책을 읽는 단 한 사람이라도, 한국전쟁에 담긴 사랑과 희생의 의미를 마음으로 느끼고 더 나은 미래를 꿈꾸게 된다면, 제 모든 수고는 충분히 보람 있는 것이 될 것입니다. 이 책 속 모든 참전용사들의 이야기를, 그리고 그 후손들의 진심 어린 기록을 한국어로 빛나게 전할 수 있었다는 사실이 제게는 더없는 영광이었습니다.

대한민국은, 여러분을 기억하겠습니다. 그리고 영원히 감사하겠습니다.

저는 이 번역을 통해 단지 기록이 아닌 기억을 남기고 싶었습니다. 이 책을 읽는 누군가가, 그들의 이야기를 통해 감사와 책임, 사랑과 연대의 가치를 되새기기를 바랍니다.

이제 우리가 해야 할 일은 분명합니다. 그들이 걸어간 길 위에 부끄럽지 않은 세상을 남기는 것. 전쟁의 기억을 평화의 유산으로, 희생의 순간을 미래의 나침반으로 새기는 것.

그날의 소년들이 우리를 지켜주었듯,

오늘의 우리는 그들을 잊지 말아야 합니다.

대한민국은, 여러분을 기억하겠습니다.

그리고 영원히 감사하겠습니다.

한국전쟁
유엔 참전용사 이야기

발행인	정성길
편저	신하영
번역	전혜정
	전혜림
감수	심호섭
편집 디자인	안희
출판	KORAD
이메일	hyshinkk@hanmail.net
전화	02-2266-0751
ISBN	979-11-89931-94-0(03300)